BERLIN STRASSEN UND PLÄTZE
PRENZLAUER BERG
MIT DER GESCHICHTE LEBEN

BERLIN STRASSEN UND PLÄTZE
PRENZLAUER BERG

MIT DER GESCHICHTE LEBEN

von Daniela Guhr
unter Mitarbeit von Thomas Schneider
und Günter Wehner

Heimatmuseum Prenzlauer Berg

EDITION HENTRICH

Begleitbuch zu der Ausstellung
„Mit der Geschichte leben"
Eine Dokumentation zur Geschichte der
Straßennamen im Berliner Bezirk
Prenzlauer Berg
vom 5.6.1991 bis 20.12.1991
im Heimatmuseum Prenzlauer Berg

Der Katalog entstand mit Unterstützung
der Senatsverwaltung für Kulturelle
Angelegenheiten.

Herausgeber:
Bezirksamt Prenzlauer Berg von Berlin
Kulturamt
Layout und Gestaltung:
Hella und Hans-Dieter Gumm
Fotografie: Sabine Schulz
Redaktion: Sonja Guhr
© 1991, Bezirksamt Prenzlauer Berg von Berlin und
Edition Hentrich
Herstellung: Druckhaus Hentrich
Reihe deutsche Vergangenheit
Stätten der Geschichte Berlins
Band 52
ISBN 3-89468-000-8

Die Autoren danken für Anregungen, Unterstützung und Beratung:
dem Büro für stadtgeschichtliche Dokumentation und technische Dienste, Berlin; dem Institut für Geschichte der Arbeiterbewegung, Berlin; dem Landesarchiv Berlin; dem Otto-Suhr-Institut an der Freien Universität Berlin; der Ratsbibliothek Berlin; der Senatsverwaltung für Arbeit, Verkehr und Betriebe; dem Stadtarchiv Berlin sowie den Mitarbeiterinnen und Mitarbeitern aller hier namentlich nicht aufgeführten Institutionen, die bei der Erarbeitung der Dokumentation konsultiert wurden.

Titelbild: Blick in die Schönhauser Allee in Richtung Innenstadt mit dem U-Bahnhof Dimitroffstraße im Vordergrund

EINFÜHRUNG

Die folgenden Ausführungen zeichnen ein vollständiges Bild der gültigen wie auch ehemaligen Straßennamen des Bezirkes Prenzlauer Berg, ergänzt durch einen kurzen historischen Abriß zur Geschichte dieses Stadtteiles. Die Beschäftigung mit Straßen und Straßennamen, ihrer Herkunft und Bedeutung ist ein Beitrag des Heimatmuseums Prenzlauer Berg zur Erforschung der regionalen Geschichte.
Die Namen der Straßen und Plätze als Dokumente von Stadtgeschichte werden in ihrem historischen und sachlichen Zusammenhang dargestellt und erläutert; sie widerspiegeln Berliner Geschichte, Kultur, Kunst, Musik, Naturwissenschaften, Medizin u. a. m. sowie deutsche Geschichte seit dem Mittelalter.
Umbenennungen von Straßen sind meist Ausdruck veränderter politischer und gesellschaftlicher Verhältnisse. Damit greifen wir eine aktuell diskutierte Problematik auf. Anlaß ist die gegenwärtige Auseinandersetzung über Um- und Neubenennung von Straßen seit der staatlichen Vereinigung der beiden Teile Deutschlands im Oktober 1990.
Die vorliegende Schrift erscheint parallel zu der Ausstellung des Heimatmuseums Prenzlauer Berg „Mit der Geschichte leben. Eine Dokumentation zur Geschichte der Straßennamen im Berliner Bezirk Prenzlauer Berg", gezeigt vom 5. 6. 1991 bis 20. 12. 1991 im Heimatmuseum. Sie ist ein Begleitbuch zur Ausstellung, geht zugleich über deren Rahmen inhaltlich hinaus. Das Buch umfaßt die Gesamtheit der Straßen und Plätze des Bezirkes in Geschichte und Gegenwart; die Schwerpunkte der Ausstellung werden durch ausgewählte Straßennamen gesetzt, die aufgrund von Bürgervorschlägen in die öffentliche Diskussion kamen.

MIT DER GESCHICHTE LEBEN
Thomas Flierl

Zeiten des gesellschaftlichen Umbruchs – und die deutsche Geschichte kennt in diesem Jahrhundert mehrere dieser großen historischen Zäsuren – sind immer auch Zeiten der großen kollektiven Verdrängung gewesen. Erst die nachfolgenden Generationen haben jeweils die historischen Spätfolgen erkannt, die in der mangelnden Aufarbeitung eigener Geschichte gründen, in der „Unfähigkeit zu trauern" und den eigenen Anteil an historischen Fehlentwicklungen zu reflektieren. Die einfachen „Wendungen" erwiesen sich denn auch wiederholt als Ursachen der nächsten oder übernächsten großen Krise. Dieser Verdrängung entgegenzuarbeiten und zu einem historisch-kritischen Umgang mit dem im Alltag vorfindlichen oder auch durch Spurensuche erst noch zu erschließenden Erbe beizutragen, ist eine besondere Aufgabe der Geschichtsarbeit im Bezirk.
Nicht der „rote Faden" alter oder neuer Geschichtsmythologien, sondern die Erkundung der historischen Dimensionen aktueller, das Leben der Bürgerinnen und Bürger im Bezirk berührender Vorgänge bildet hierbei den Ansatzpunkt.
Unter dem Titel „Mit der Geschichte leben" wendet sich das Kulturamt Prenzlauer Berg dabei der Hinterlassenschaft der gerade zu Ende gegangenen DDR-Geschichte zu, den politischen Denkmälern und der Geschichte der Straßennamen im Bezirk. Für die mit der Ausstellung des Heimatmuseums erst noch zu eröffnende Debatte um die Straßennamen können dabei die seit Herbst vergangenen Jahres gemachten Erfahrungen im Umgang mit den politischen Denkmälern eine gewisse Orientierung geben.

I. Nach den politischen Veränderungen in der DDR setzte im Frühjahr 1990 eine lebhafte Diskussion über die politischen Denkmäler in Ost-Berlin ein, im Bezirk Prenzlauer Berg vor allem über das Thälmann- und das Kampfgruppen-Denkmal.
Fordern die einen, die Denkmäler abzureißen, weil sie für ein überwundenes politisches System stehen oder künstlerisch nicht wertvoll seien, wollen andere eine neue unbedachte Bilderstürmerei verhindern und die Denkmäler als historische Dokumente erhalten. In größerem geschichtlichen Zusammenhang gesehen bilden die politischen Denkmäler aus der Zeit des kalten Krieges in Ost- und West-Berlin tatsächlich eine einzigartige Denkmalslandschaft, die die Nachkriegsgeschichte beider deutscher Staaten auf engstem Raum dokumentiert.
Im Interesse einer differenzierten Aufarbeitung der Geschichte hat sich das Bezirksamt Prenzlauer Berg im September 1990 in einem Beschluß gegen den sofortigen Abbau des Thälmann- und des Kampfgruppen-Denkmals und für eine längerfristige öffentliche Auseinandersetzung zum weiteren Vorgehen ausgesprochen.
In der Begründung hieß es:
> „Die betreffenden Objekte stellen vor dem Hintergrund des aktuellen gesellschaftlichen Wandels zweifellos eine Provokation dar, stehen sie doch für ein zutiefst undemokratisches Verhältnis von Politik, Kunst und Öffentlichkeit. Ein Abbau der Monumente ohne eingehende öffentliche Auseinandersetzung würde jedoch der Verdrängung zuarbeiten und die für ein demokratisches Gemeinwesen notwendige aktuelle

Vergangenheitsbewältigung behindern. Die Geschichte der DDR kennt hierfür genügende Beispiele. Die Art der Installierung dieser Denkmäler darf nicht durch die Art ihrer Beseitigung bestätigt werden."

Auf der Grundlage des Beschlusses des Bezirksamtes hat das Kulturamt in Kooperation mit der Initiative „Politische Denkmäler der DDR" zwischen Oktober und Dezember 1990 im Heimatmuseum Prenzlauer Berg die Dokumentationsausstellung der Neuen Gesellschaft für Bildende Kunst und des Aktiven Museums Berlin „Erhalten? Verändern? Zerstören? Denkmäler der DDR in Berlin" gezeigt und mehrere öffentliche Diskussionen zum Thema veranstaltet.

Anfang Dezember 1990 wurde am Kampfgruppen-Denkmal eine Informationstafel aufgestellt, die die Geschichte der „Kampfgruppen der Arbeiterklasse" und die Errichtung des Denkmals kritisch kommentiert. Bereits zuvor waren am Denkmal Teile der Berliner Mauer aufgerichtet worden. Kritische Kommentierung und assoziative gestalterische Ergänzung wurden von den Medien und der Politik begrüßt und von der Bevölkerung angenommen. Dies bezeugen indirekt die nur wenigen Meinungsäußerungen, die den sofortigen Abriß fordern. Weiterhin war es bemerkenswert, daß das Denkmal wiederholt selbst zum Gegenstand aggressiver farbiger Kommentierung durch die Sprühdose wurde, während die Tafel über ein Vierteljahr unbeschädigt blieb und von den Passanten aufmerksam wahrgenommen wurde. Erst nachdem die Tafel um ihre Plexiglasscheiben beraubt wurde und zunächst selbst unbeschädigt blieb, folgte die Zerstörung. Die Tafel wurde inzwischen vom Bezirksamt erneuert.

Zerstörungen am Kampfgruppendenkmal

In Realisierung des Bezirksamtsbeschlusses vom September 1990 wird weiterhin eine Dokumentationsausstellung zum Thälmann-Denkmal vorbereitet, die in unmittelbarer Nähe zum Denkmal gezeigt werden soll. Neben den mißglückten Versuchen der DDR, Ernst Thälmann durch ein zentrales Denkmal zu ehren (in den 50er Jahren für den früheren Thälmannplatz gegenüber der nach Kriegszerstörung abgetragenen Reichskanzlei in Berlin vorgesehen), soll vor allem die Geschichte des jetzigen Denkmals rekonstruiert werden: der aus politischer Programmatik folgende Anspruch, dem „Arbeiterbezirk" Prenzlauer Berg ein bedeutungsvolles städtisches Zentrum zu geben (Wohnanlage mit Park und Denkmal), und der rücksichtslos gegen aufkeimenden Bürgerprotest durchgesetzte Abriß der drei denkmalsgeschützten Gasometer, einzigartiger Dokumente der Berliner Stadtentwicklung und Industriekultur.

Mit diesen Aktivitäten befindet sich die vom Kulturamt Prenzlauer Berg getragene Geschichtsarbeit allerdings im Gegensatz zu heftig unterbreiteten Vorschlägen, die politischen Denkmäler aus der DDR-Zeit abzubauen und, wenn schon nicht zu vernichten, dann doch in einer am Rande der Stadt gelegenen ständigen Ausstellung „sozialistisch-realistischer" (entarteter?) Kunst zu präsentieren. Die Entfernung der Bildwerke aus dem Alltagsleben Ost-Berlins würde gewiß zur „Entsorgung" beitragen: den Bürgerinnen und Bürgern die Last nehmen, sich mit den Denkmälern der Vergangenheit auseinandersetzen zu müssen – Abschied zu nehmen von einem gescheiterten politischen Programm oder auch erinnert zu werden an das mangelnde Engagement beim Widerstand gegen das schon länger als falsch Erkannte.

Wenn aber die betreffenden Denkmäler aus dem Alltagszusammenhang gerissen und zum Gruselkabinett von Monströsitäten arrangiert würden, würde zugleich die notwendige aktive Auseinandersetzung mit den Denkmälern vor Ort auf die reine ästhetische Anschauung oder auf den erläuternden politischen Begriff reduziert werden. Die Musealisierung der politischen Denkmäler – ob in der Gestalt eines Kunst- oder eines Geschichtsmuseums, ob als Erbauung für Touristen oder gar als ein Ort staatsbürgerlicher Ertüchtigung für die Jugend – wäre dann wohl eher ein kontraproduktiver Beitrag zur Aufarbeitung der Geschichte der DDR. Diese Kritik an der schnellen Beseitigung der heute als historisch widersinnig erscheinenden Dokumente einer vergangenen Zeit soll und darf allerdings nicht als Versuch ihrer bedingungslosen Konservierung mißverstanden werden.

Der Beschluß des Bezirksamtes umreißt auch hierzu eine deutliche Position:
> „Nur indem die Auseinandersetzung mit diesen Zeugnissen einer untergehenden Epoche zugleich eine Aufarbeitung der eigenen Geschichte beinhaltet, wird zukünftig ein souveräner Umgang mit den Denkmälern und der in ihr geronnenen Geschichte möglich. Dies kann gegebenfalls – dann aber im Resultat einer öffentlich und möglichst differenziert geführten Debatte – auch den Abriß der Denkmäler einschließen."

Die Entscheidung über den Erhalt eines Denkmals, eine kritische Kommentierung, eine ergänzende Gestaltung oder auch den Abriß kann, zu gegebener Zeit, nur im Einzelfall getroffen werden. Bürgerbeteiligung und Kompetenz bei der Entscheidungsvorbereitung sind hierbei unabdingbar. Es ist daher außerordentlich zu begrüßen, daß die Anfang 1991 geschlossene Koalitionsvereinbarung von CDU und SPD die Bildung einer unabhängigen Expertenkommission zum weiteren Umgang mit den politischen Denkmälern vorsieht. Die Einschränkung der Tätigkeit der Kommission auf die entsprechenden Objekte in Ost-Berlin begrenzt allerdings von vornherein die historische Perspektive der Betrachtung. Verborgen bleibt so die Komplementarität der politischen Kultur des kalten Krieges in Ost und West.

Durch die vom Bezirk Prenzlauer Berg unternommenen Bemühungen um eine dokumentarische Aufarbeitung der Geschichte der politischen Denkmäler im Bezirk liegen Erfahrungen vor, die in die Arbeit der Expertenkommission des Senats Eingang finden sollten.

II. Auch die Diskussion um die Straßennamen im Bezirk unterstützt das Kulturamt durch eigene Aktivitäten. Vor allem die Ausstellung des Heimatmuseums soll der streitbaren Öffentlichkeit im Bezirk die erforderlichen geschichtlichen Zusammenhänge erschließen und die Urteilsfähigkeit der Bürgerinnen und Bürger fördern.

Noch viel stärker als einzelne Denkmäler dokumentiert das historisch beständigere Bedeutungsgeflecht der Straßennamen den Zusammenhang von Stadtentwicklung und politischer Geschichte. Auch hier gilt: die bisherige Praxis der administrativen Verordnung von Straßennamen darf nicht durch die Art und Weise ihrer Beseitigung bestätigt und verfestigt werden. Neben der Rekonstruktion der einzelnen, oft verschütteten Bedeutungen der Straßennamen hat die Geschichtsarbeit hier vor allem die Mechanismen durchschaubar zu machen, die der Benennung von Straßen einen so hohen politischen Wert beimessen. Es hängt mit der Logik politischen Handelns selbst zusammen, daß die Macht über die Be-Deutungen den (realen) Schein wirklicher Macht über die Dinge annimmt. Politik hat hier in mythischen und religiösen Praktiken ihren Ursprung und schreibt sie fort: Politische Macht ist in vielem zunächst und vor allem Deutungsmacht. Nur so läßt sich auch der unangemessene Termindruck der politischen Administration verstehen: So beschloß der Rat der Bürgermeister am 19. Juli 1990, daß die Magistratsinnenverwaltung die Koordinierung der Straßenumbenennungsaktion übernehmen und daß die Stadtbezirke bis Ende August

„eine Zusammenstellung der aus ihrer Sicht notwendigen Umbenennungen vornehmen (sollten), damit ... mit den Umbenennungen durch die Stadtbezirke möglichst schon im September 1990 begonnen werden kann."

Offensichtlich aus der Einsicht, daß ohne Bürgerbeteiligung Umbenennungen keine ausreichende Legitimation haben, erging am 10. September 1990 der öffentliche Aufruf des Innenstadtrats Thomas Krüger, Vorschläge zu unterbreiten. Bis Ende des Monats äußerten sich allerdings lediglich 237 Berlinerinnen und Berliner (davon nur 32 aus dem Bezirk Prenzlauer Berg). Anfang November forderte der Innenstadtrat die Bezirksämter auf, Konzeptionen zur Straßenumbenennung bis spätestens Ende November vorzulegen, erste Umbenennungen sollten dann im Dezember erfolgen. Die Bezirksstadträtin für Bauen und Wohnen von Berlin-Mitte, Frau Dubrau, antwortete hierauf sehr prinzipiell:

„Wir sind der Meinung, daß diese Arbeit durch Ausschüsse der Bezirksverordnetenversammlung in Zusammenhang mit dem Bezirksamt durchzuführen ist sowie intensiv mit den Bürgern unseres Stadtbezirks diskutiert werden müßte. Es ist eine Konzeption zu erarbeiten, die anschließend in der Bezirksverordnetenversammlung zu beschließen ist.

Wir sind der Meinung, daß diese Arbeit bis Ende November nicht zu bewältigen ist."

Die Bezirksverordnetenversammlung von Berlin-Mitte beschloß am 22. November 1990 auf Antrag der SPD, eine Kommission aus Abgeordneten und unabhängigen Experten zu berufen.

Ein ähnliches Vorgehen wurde mittlerweile zwischen der Bezirksverordnetenversammlung und dem Bezirksamt Prenzlauer Berg abgestimmt. Ohne die Erarbeitung von Kriterien für eventuelle Umbenennungen, ohne die Anhörung von Historikern und ohne eine breite öffentliche Aussprache würde die Umbenennung von Straßen ein reiner Verwaltungsvorgang oder bloßer politischer Mehrheitsbeschluß sein. Der alternative Weg gemeinsamen öffentlichen Lernens und Suchens ist allerdings der schwierigere Weg. Die gemeinsame Vergewisserung über die in den Straßennamen manifeste Geschichte, die Erarbeitung von historisch begründeten Kriterien für mögliche Veränderungen, schließlich die Verständigung über die umzubenennenden Straßen selbst, und, noch viel schwieriger, die Einigung auf neue Namen – dies sind echte Herausforderungen für eine zu entwickelnde demokratische politische Kultur und Chance für eine parteiübergreifende Geschichtsaufarbeitung.

Am Beispiel der wenigen bisher vorliegenden Meinungsäußerungen zu Straßennamen im Bezirk Prenzlauer Berg lassen sich bereits einige Grundfragen ableiten, die die öffentliche Debatte bestimmen werden. Es fällt auf, daß viele Zuschriften – vor allem von älteren Bürgerinnen und Bürgern – eine generelle Rückbenennung der nach 1945 umbenannten Straßen fordern. Zentrales Motiv ist hier der Wunsch, wie in einem der Briefe zu lesen ist, „nicht mehr an die verlorenen 40 Jahre erinnert zu werden". Dieser sehr verständliche Mechanismus, durch die Tilgung von Namen Macht über die eigene, vielfach als fremdbestimmt erlebte Geschichte zu gewinnen, ist noch ganz der ideologischen Fiktion verhaftet, die Geschichte ließe sich bei einem beliebigen früheren Punkt wieder aufnehmen. Zudem: viele Straßen hatten im Verlaufe der Geschichte bereits mehrere Namen, welcher von ihnen sollte bei einer Rückbenennung gewählt werden? Andere Straßen wurden erst nach 1945 angelegt und benannt. Wann wird schließlich die Zäsur angesetzt? Vor 40 Jahren, 1945 oder 1933? Welches historische Bewußtsein drückt sich in dem Vorschlag aus, die in den Straßennamen ablesbare kaum 150jährige Geschichte des Prenzlauer Berges um fast 50 Jahre zu reduzieren? Die Forderung nach genereller Rückbenennung ist daher viel zu unbestimmt, als daß sie eine tragfähige Orientierung geben könnte.

Den Bedarf an historischer Aufklärung zu den Straßennamen im Bezirk und die Notwendigkeit eingehender Erörterung illustrieren folgende Zuschriften:

Herr und Frau K. aus der Dänenstraße beklagen, daß die ehemalige Schivelbeiner Straße noch immer nach dem Schriftsteller Willi Bredel benannt ist:

> „... uns (ist) völlig unverständlich, warum dieser Name abgeschafft wurde, denn die Gedenktafel befindet sich von Schievelbein noch heute in der Driesener Str. 4"

Der vor 1971 gültige Straßenname ist offenbar der weithin vertrautere, und die Gedenktafel für den 1945 ermordeten Antifaschisten unterstützt eine Bindung an diesen Namen. Die Schivelbeiner Straße wurde allerdings bereits 1903 nach der in Pommern gelegenen Stadt Schivelbein (heute polnisch: Swidin) benannt und hat mit Gustav Schiefelbein nichts zu tun.

Pfarrer P. vom Katholischen Pfarramt kennt diesen Unterschied. Neben der Forderung nach Rückbenennung der Willi-Bredel-Straße unterbreitet er folgenden Vorschlag:

> „In der ... Driesener Straße befindet sich an Haus Nr. 4 eine erst später angebrachte Gedenktafel mit dem Text: ,Hier wohnte der Antifaschist Gustav Schiefelbein, geb. 12. 6. 1889, ermordet 3. 5. 1945 auf MS Arkona'. Der Bezeichnete ist sonst nicht bekannt, und es besteht die Vermutung, daß in einer Geschichtsfälschung die Schivelbeiner Straße in einer Vertuschung mit diesem Mann in Verbindung gebracht worden ist. Ich schlage vor, auch diese Gedenktafel zu entfernen, zumal die Bevölkerung nicht die geringste Beziehung zu Gustav Schiefelbein hat."

Zumindestens Herr und Frau K. aus der Dänenstraße haben ihre – wenn auch bezogen auf die Schivelbeiner Straße historisch nicht korrekte – Beziehung zu dem auf MS Arkona Ermordeten. Der Vorwurf des Pfarrers ist dagegen bereits in sich unlogisch, denn die

Umbenennung der Schivelbeiner Straße bezeugt, daß eine Verbindung mit Gustav Schiefelbein nicht angestrebt wurde.
Der Pfarrer unterbreitete aber noch einen weiteren Vorschlag:
„Im Bezirk Prenzlauer Berg gibt es auch in 1058 Berlin die ‚Tops-Straße'. Hermann Tops war ein kommunistischer Werkzeugdreher und wurde 1944 in Brandenburg hingerichtet. Es möchte geprüft werden, ob die Straße den alten Namen ‚Ludwig-Straße' zurückerhalten soll. Die Herkunft dieses Namens ist mir unbekannt."
Die Herkunft der Straßennamen zu erklären, ist Sinn dieses Kataloges. So wird Pfarrer P. zur Ludwigstraße folgende Erläuterung finden:
Otto Ludwig, geb. 17. 4.1886, gest. 6. 3.1932, war frühes Mitglied des NSDAP und kam bei gewalttätigen Auseinandersetzungen in Vorbereitung der Reichspräsidentenwahl im März 1932 ums Leben. Die Benennung der Ludwigstraße erfolgte 1937, zeitgleich mit der Wohnbebauung am ehemaligen Exerzierplatz.
Wer sich mit den Straßenbenennungen im Bezirk Prenzlauer Berg genauer beschäftigt (siehe den Beitrag von Daniela Guhr in diesem Band), wird feststellen, daß sich in ihnen der Zusammenhang von Stadtentwicklung und politischer Geschichte auf sehr prägnante Weise erkennen und nachvollziehen läßt.
Da sind zunächst die alten Berliner Straßen, die als Radialen das Terrain des Bezirkes Prenzlauer Berg abstecken: die Prenzlauer Chaussee (benannt 1788, seit 1878 Prenzlauer Allee), die Chaussee nach Weißensee (benannt 1803, seit 1868 Greifswalder Straße), die Neue Königstraße (benannt 1810, heute Hans-Beimler-Straße), die Kastanienallee (benannt 1826) und die Schönhauser Allee (benannt 1841). Nach Norden umgeben die Innenstadt in Ringen: das Uckermärkische Viertel aus den 60er Jahren des 19. Jahrhunderts, das Viertel Elsaß-Lothringen aus den Gründerjahren nach dem Deutsch-Französischen Krieg, das ost- bzw. westpreußische Viertel (vor 1914), dazwischen Straßenbenennungen nach bedeutenden Persönlichkeiten (Schriftstellern, Wissenschaftlern, Kommunalpolitikern usw.). An der Grenze zu Pankow und Wedding findet sich das Nordische Viertel. Aus den 20er bzw. 30er Jahren dieses Jahrhunderts stammt schließlich das Blumen- und das Stedinger Viertel an der Oderbruchkippe.
Alle späteren Umbenennungen haben diese Grundstruktur nicht völlig zum Verschwinden gebracht.

Die ersten politisch motivierten Umbenennungen nahmen die Nationalsozialisten unmittelbar nach 1933 vor. Sie tilgten die Straßennamen in der Carl-Legien-Stadt, jener nach Plänen von Bruno Taut und Franz Hillinger zwischen 1927 und 1929/30 erbauten Wohnstadt der GEHAG. Hier waren die Straßen, wie die Siedlung selbst nach sozialdemokratischen Gewerkschaftsfunktionären benannt. Aus der Carl-Legien-Stadt wurde ein flandrisches Viertel, das an die Kriegsschauplätze aus dem Ersten Weltkrieg erinnern sollte. Angesichts des gerade zu Ende gegangenen verheerenden Zweiten Weltkrieges wurden diese Straßen 1952 nach ermordeten Antifaschisten benannt. Eine Rückbenennung der Straßen in der Carl-Legien-Stadt war in den frühen 50er Jahren aus ideologischer Enge nicht vorgenommen worden, wohl nicht einmal erwogen worden. Unter den Geehrten befinden sich aber keineswegs nur Kommunisten.
Auch an den Sozialdemokraten Otto Schieritz, der nach 1933 innerhalb des illegalen Bezirksvorstandes der Berliner SPD Anlaufstellen für Kuriere des emigrierten Parteivorstandes organisierte, von 1935 bis 1940 inhaftiert war und am 2. Mai 1945, während der letzten Kampfhandlungen, aus dem Fenster seiner Wohnung in der Senefelderstraße 33

eine rote Fahne hißte – und daraufhin von der SS abgeführt und ermordet wurde – wird im Taut-Viertel erinnert.

Umbenennen?
Fast alle Straßenumbenennungen im Prenzlauer Berg nach 1945 galten ausschließlich Antifaschisten. Die Mehrzahl von ihnen fand in ihrem Kampf gegen die NS-Gewaltherrschaft den Tod. Wenn auch diese Umbenennungen aus den Jahren 1952 bzw. 1971/74 ohne eine Bürgerbeteiligung erfolgte und eine politisch einseitige Auswahl nicht zu übersehen ist, sprechen gegen die Tilgung dieser Namen ernst zu nehmende Gründe:

1. Die Teilung und die Nachkriegsgeschichte Deutschlands war vor allem auch ein Resultat der nationalsozialistischen Diktatur und des Zweiten Weltkrieges. Im historischen Augenblick der Einigung Deutschlands sollte das Gedenken an die aktiven Gegner und die Opfer des NS-Regimes ein parteiübergreifendes Gebot sein. Daß der deutsche Widerstand im Prenzlauer Berg nicht in seiner tatsächlichen Breite geehrt wurde, hängt wiederum mit dieser Nachkriegsgeschichte zusammen. Soweit nicht historische Forschung Gegenteiliges ermittelt, spricht dies aber vor allem nicht gegen die Integrität der Ermordeten selbst. Weitere, mit dem Prenzlauer Berg verbundene Gegner und Opfer des NS-Regimes sollten bei Neu- bzw. Umbenennungen anderer Straßen Berücksichtigung finden. Hierzu gibt es erste Vorschläge.

2. Eine Rückbenennung der nach Antifaschisten benannten Straßen im Bezirk wäre auch unter dem Gesichtspunkt problematisch, daß es sich hierbei allesamt um Straßen handelt, die ehemals nach heute polnischen bzw. sowjetischen Städten benannt waren. Nach der Anerkennung der polnischen Westgrenze durch das geeinte Deutschland besteht wohl kein Bedarf mehr, die reich vorhandenen Namen ehemals deutscher Städte zu beseitigen. Aber welchen politischen Sinn würde heute eine Rückbenennung der früher bereits umbenannten Straßen machen?
Solange die Geschichtswissenschaft auch das Wirken Georgi Dimitroffs in der kommunistischen Bewegung und in der Nachkriegsgeschichte Bulgariens nicht völlig neu bewertet, sollte uns Deutschen die beispiellose Umkehrung der Rollen des Richters und des Angeklagten, die Dimitroff im Reichstagsbrandprozeß Göring aufzwang, Anlaß zum Innehalten sein, die Straße bedenkenlos nach Danzig und Elbing zurückzubenennen.

3. Schließlich muß die derzeit gültige Rechtslage berücksichtigt werden. Die Ausführungsvorschriften zu Paragraph 5 des Berliner Straßengesetzes vom 6. Dezember 1985 nennen die zulässigen Gründe für Umbenennung. Sie lassen eine Umbenennung von Straßennamen nach Widerstandskämpfern gegen das NS-Regime nicht zu:
„Umbenennungen mit einem neuen oder dem vorherigen Straßennamen sind zulässig, um aus der Zeit von 1933 bis 1945 stammende Straßennamen nach aktiven Gegnern der Demokratie und geistig-politischen Wegbereitern der nationalsozialistischen Gewaltherrschaft zu beseitigen. Das gilt auch für Straßen, die in der Zeit von 1933 bis 1945 aus politischen Gründen anderweitig benannt oder umbenannt worden sind (nach Orten, Sachen, Ereignissen)."

Die eigentliche Debatte wird denn auch um die wenigen Straßennamen zu führen sein, die nach Antifaschisten benannt wurden, die zugleich als Repräsentanten des politischen Systems der DDR zu begreifen sind, exemplarisch hier die Wilhelm-Pieck-Straße an der Grenze zum Bezirk Mitte. Doch auch hier bedarf es der genauen historischen Analyse und der Gesamtberliner Perspektive. Gehört nicht Wilhelm Pieck ebenso zur Geschichte der historisch vergangenen Phase der deutschen Zweistaatlichkeit wie Konrad Adenauer und Theodor Heuss? Und muß nicht gerade in Berlin, der deutschen Hauptstadt, diese Geschichte der Teilung, der Trennung und der Vereinigung in ihrer ganzen Widersprüchlichkeit dauerhaft aufgehoben werden?

Und gehört nicht zur DDR-Geschichte, daß ein Mann wie Franz Dahlem, gegen den der Schauprozeß in den fünfziger Jahren schon vorbereitet wurde, und der später aus Gründen der politischen Rehabilitation geehrt wurde, gerade nicht für den repressiven Charakter des polit-bürokratischen Systems steht, sondern auch für das rücksichtslose Verdrängen aller (und wenn auch möglicherweise nur geringfügig) Andersdenkenden aus den eigenen Reihen?

Der von der Senatsverwaltung für Arbeit, Verkehr und Betriebe im Januar 1991 vorgelegte Entwurf zur geplanten Änderung der Ausführungsvorschriften zu Paragraph 5 des Berliner Straßengesetzes erklärt Umbenennungen für zulässig, wenn „aus der Zeit von 1945 bis 1989 stammende Straßennamen nach Verfechtern der stalinistischen Gewaltherrschaft" beseitigt werden. Im Unterschied zu den Neubaugebieten von Marzahn und Hellersdorf wurden im Prenzlauer Berg keine Personen geehrt, die für den Unterdrückungsapparat der DDR standen. Bei der Erarbeitung von Kriterien für Umbenennungen sollte dies berücksichtigt werden.

Historische Orientierung in einer Stadt wie Berlin wird auch in Zukunft von der Gleichzeitigkeit der Wahrnehmung historisch ungleichzeitiger Phänomene leben. Ein gewisses Maß von Wider-Sinn kann dabei den Eigen-Sinn der Menschen stärken, die Fähigkeit zu differenzierter Betrachtung. Auch die Erdgeschichte wird erst an den Bruchstellen der geologischen Formationen wahrnehmbar. Diese Bruchstellen sollten, wenn verborgen, sichtbar gemacht werden. So wäre es gegenüber extensiven Umbenennungen gewiß billiger, an Straßen mit Mehrfachbenennungen generell auch die früheren Namen, deren Bedeutung und Gültigkeitsdauer zu vermerken. Diese Argumentation für die Behutsamkeit und Ernsthaftigkeit bei der Aufarbeitung der Geschichte der Straßennamen und für die Entwicklung historisch tragfähiger Kriterien für eventuelle Um- und Neubenennungen darf wiederum nicht als ein Versuch der Konservierung der vorhandenen Namen mißverstanden werden. Geschichte läßt sich nicht stillstellen. Neue Straßennamen werden für den Fortgang der Geschichte stehen. Um sie sollte ernsthaft und detailliert gestritten werden. Aber nicht nur der Name selbst, sondern die Art und Weise der Benennung als ein politischer Vorgang wird Zeugnis vom tatsächlichen Fortschritt bei der Demokratisierung unserer politischen Kultur ablegen.

NÖRDLICHE FELDMARK
WIRD GROSSSTADTSIEDLUNG

Im Norden und Nordosten von Berlin gelegen, erstreckten sich einst Ackerbaugebiete, die von der Stadtmauer und ihren Toren bis zu den Dorffluren von Pankow und Weißensee reichten. Sie umfaßten in etwa das Territorium des heutigen Bezirks Prenzlauer Berg, und ihre Hauptgliederung war durch die drei nach Norden führenden Ausfallwege nach Pankow und Schönhausen, nach Heinersdorf und Prenzlau sowie nach Weißensee gegeben – die Pankower Chaussee, die Prenzlauer Chaussee und die Bernauische Landstraße.
Bereits mit dem Siedlungsausbau im 13. Jahrhundert begann die allmähliche Kultivierung dieser Flächen. Ohne eigene Dorfsiedlung bildeten sie fortan den nördlichen Teil der Feldmark Berlins. Ihre Erträge dienten in beträchtlichem Maße der Versorgung der städtischen Bevölkerung. Der geringe innere Wegeaufschluß für dieses Territorium beruhte auf der geschlossenen Ackeraufteilung nach Sommerfeld, Winterfeld und Brache sowie dem Flurzwang, der für alle Besitzer zeitgleiche Begehung und Arbeitsverrichtungen vorschrieb. Die gesamte landwirtschaftliche Nutzfläche war vom Landesherrn, in dessen Obereigentum es sich befand, in einzelnen Landstücken an Kirchen, Hospitäler, an das Graue Kloster und den Berliner Magistrat verpachtet, weitere Flächen gegen Zinsleistungen an Berliner Ackerbürger vergeben worden. Ein größerer Teil der Ackerflächen gehörte zum Königlichen Vorwerk im Gebiet vor dem Schönhauser Tor.

Mit Zunahme der Bevölkerung und durch die Stadterweiterung seit 1685 hatte sich der Versorgungsbedarf Berlins entscheidend vergrößert; die landwirtschaftliche Nutzfläche mußte somit notwendigerweise ausgebaut werden. 1748 wurden die ersten Windmühlen am Rande der Hochfläche des Barnim auf dem Berg vor dem Prenzlauer Tor errichtet – diese Region wird heute in etwa eingeschlossen von der Prenzlauer Allee, der Metzer, Saarbrücker und Straßburger Straße. In der Folgezeit kamen weitere Mühlen hinzu, und das Gebiet des späteren Bezirks entwickelte sich im 19. Jahrhundert zum wichtigsten Windmühlenstandort Berlins; insgesamt sind 30 Mühlenbetriebe nachgewiesen.
Die Getreideverarbeitung seit der Mitte des 18. Jahrhunderts hatte den Funktionsbereich der nördlichen Feldmark über den Ackerbau hinaus bedeutend erweitert, der notwendig gewordene Ausbau des Transportwesens erforderte weitere Wegeaufschlüsse. Die stärkere räumliche Untergliederung, die für den späteren Verlauf von Straßen im Bezirk eine Rolle spielte, vollzog sich allerdings erst im Gefolge der preußischen Agrarreform (1811). Das feudale Recht am Boden wurde auch in der nördlichen Feldmark aufgehoben (1822) und das Land frei verfügbares Eigentum. Die Landvergabe erfolgte hauptsächlich entsprechend den vorherigen Besitzungen, doch wurden jetzt Neuerwerbungen möglich. Mit dem feudalen Ablösungsprozeß entfiel auch der Flurzwang. Die im Zuge dieser Neuordnung entstandenen Besitzgrenzen markierten zugleich neue Wege, die Bedeutung für die spätere Struktur der Straßen gewannen. Als verbindendes Glied zwischen den aus Berlin führenden Radialstraßen wurde um 1822 der sogenannte Communikationsweg (spätere Danziger und Elbinger Straße, heutige Dimitroffstraße) für die weitere Erschließung der Ackerflächen und des Transportes angelegt. Das Grundgerüst für das

Windmühlenberg vor dem Prenzlauer Tor

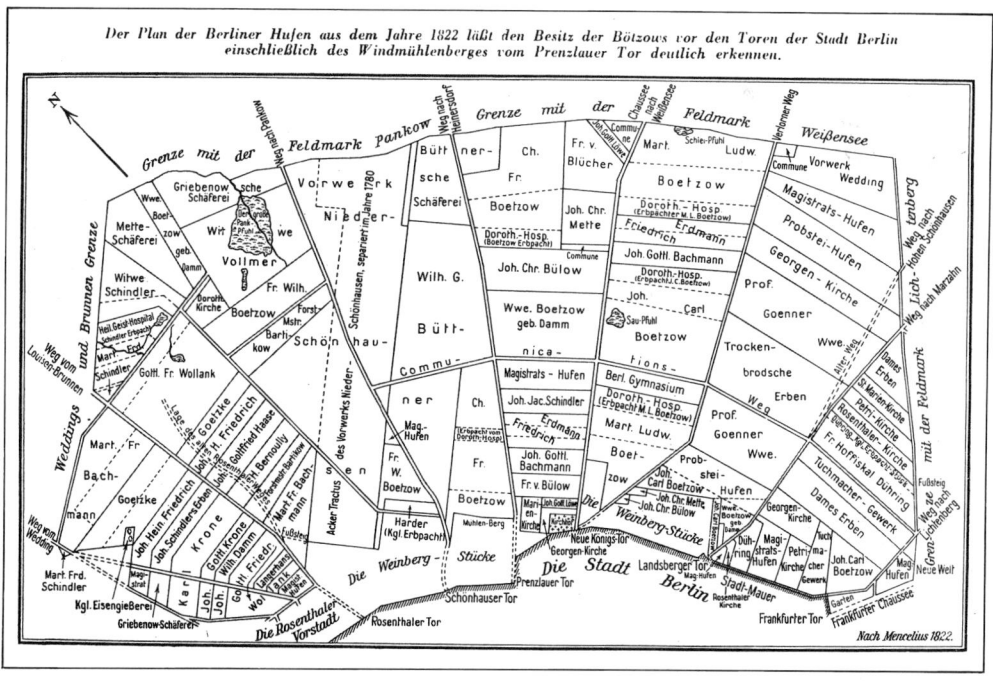

Separationsplan (1822)

spätere Straßennetz bildete sich so heraus, und damit war die Anlage für die städtische Bebauung des Bezirks in groben Zügen vorgegeben.

Die Berliner innerstädtischen Kirchengemeinden St. Nicolai, St. Marien und St. Georg konnten ihre Friedhöfe innerhalb der Stadt nicht mehr erweitern, weshalb seit 1801 neue Friedhöfe der Gemeinden vor dem Prenzlauer Tor und dem Königstor angelegt wurden. Mit dem Wachstum Berlins begann in den zwanziger und dreißiger Jahren des 19. Jahrhunderts die Bebauung des Territoriums über die Stadtgrenzen hinaus auch in die nördliche Feldmark hinein; sie erfolgte zunächst vereinzelt entlang der nach Norden und Nordosten führenden Landstraßen. Die ersten Förderer dieser Entwicklung waren große Grundeigentümer wie Wilhelm Griebenow (1784 bis 1865), der 1823 nach mehrmaligem Besitzerwechsel die Ländereien des Königlichen Vorwerks vor dem Schönhauser Tor erworben hatte. Griebenow unterstützte die Anlage von Straßen aus seinen Grundstücken heraus, beispielsweise die der Kastanienallee und der Pappelallee, wodurch er den baulichen Aufschluß dieser Gegend begünstigte.

Die in den dreißiger Jahren des 19. Jahrhunderts einsetzende Industrialisierung Berlins führte zu einem raschen Anstieg der arbeitenden Bevölkerung, zu großen Teilen aus ländlichen Gebieten zuziehend. Die innerstädtische Wohnkapazität reichte trotz erweiterter Bautätigkeit nicht aus; es entstanden provisorische Unterkünfte vor den Toren der Stadt. Die Verhältnisse drängten nach Wohnungen für Arbeiter und Handwerker, die teilweise unter sehr elenden Bedingungen leben mußten. Jedoch erst nach der Revolution von 1848 waren Anstoß und Anlaß für eine systematische Bebauung auch im Norden außerhalb der Stadtgrenze gegeben.

James Hobrecht (1825 bis 1902), der den gesamten „Bebauungsplan der Umgebungen Berlins" zu erarbeiten hatte, konnte sich für den Norden auf das Gerüst von Straßen, Wegen, Acker- und Flurgrenzen der Feldmark stützen, wie sie der Separationsplan vorgab. So orientierte er sich bei der Anlage von Straßen und Plätzen im wesentlichen an der bestehenden Lage. Hobrecht entwickelte darin ein Raster von sich rechtwinklig schneidenden Straßenzügen, mit dem zugleich die zu bebauenden Flächen (Karrees) festgelegt wurden. Mit zwei größeren Ringstraßen unterteilte er das radial aus der Innenstadt quellende Gebiet in der Art von Kreisabschnitten, womit zwei aufeinanderfolgende Bebauungsgebiete geschaffen wurden. Der Communikationsweg bildete die eine Verbindung, die andere verlief weiter nördlich an der sogenannten Weichbildgrenze (für das Jahr 1861 festgesetzt), die sich heute am Verlauf der Bornholmer und Wisbyer Straße zu erkennen gibt. Nicht alle von Hobrecht geplanten Straßen kamen zur Ausführung. Das von ihm in den äußeren Stadtbereichen großzügig aufgelockerte Straßenbild gegenüber der engeren Straßenführung in den in der Nähe der Innenstadt gelegenen Gebieten wurde während der Bauausführung nördlich der Ringbahn nicht eingehalten – es entstand ein dichteres Straßennetz im Vergleich zur Planung.

Nach der Veröffentlichung des Hobrechtschen Bebauungsplanes im Jahre 1862 setzte der Wohnungsbau in verstärktem Maße ein. Das private Grundeigentum erlaubte die Veräußerung des Bodens, und die Spekulation mit Bauland begünstigte die Bauvorhaben. Der entscheidende Aufschwung in der Bautätigkeit vollzog sich allerdings erst in den sogenannten Gründerjahren nach dem Deutsch-Französischen Krieg 1870/71, in denen die wirtschaftliche und kommerzielle Entwicklung des Deutschen Kaiserreiches prosperierte. Für die Anlage der jetzt Vorstädte genannten Gebiete wurden beträchtliche private Mittel freigesetzt. In dieser intensivsten Bauphase, datiert zwischen den siebziger und neunziger Jahren des 19. Jahrhunderts, bildete sich das städtische Kerngebiet des späteren Bezirks heraus. Die Vorstädte vor dem ehemaligen Schönhauser, Prenzlauer und Königstor wurden zu ausgesprochenen Wohngebieten gestaltet. Der vier- bis fünfgeschossige Mietskasernentyp mit Vorderhaus und der Bebauung von ein bis zwei Hinterhöfen dominierte fortan in der Vorstadtgestaltung. Kennzeichnend für einen Großteil der Vorderhäuser wurden teilweise regelrechte Prachtfassaden, die im krassen Gegensatz zu den schlicht aufgezogenen Hinterhäusern standen und imposante Straßenbilder hervorbrachten. Der Wohnungsbau in Berlin war Angelegenheit privater Bauunternehmer und wurde nicht durch die Kommune gefördert. Eine Vielzahl von Bau- und Terraingesellschaften, wie der Aktien-Bauverein Königstadt, waren nach 1871 entstanden; mit den Baugrundstücken wurde in großem Maßstab spekuliert. Soziale Reformbestrebungen, die ein den menschlichen Bedürfnissen angemessenes Siedlungs- und Wohnwesen zum Ziel hatten, wie die 1870/1913 errichteten Bauten der Berliner Gemeinnützigen Baugesellschaft zwischen der Schönhauser Allee und der Pappelallee, blieben eine Seltenheit.

Neben der Siedlungsentwicklung kam es seit Mitte des 19. Jahrhunderts zur Errichtung von großen städtischen Versorgungsbetrieben und Sozialbauten mit beträchtlichem Flächenbedarf auf freiem Gelände, die das Bild des neuen Stadtgebietes mitgestalteten. 1877 wurde der Wasserturm zwischen Belforter Straße, Diedenhofer Straße, Tresckowstraße (heute Knaackstraße) und Kolmarer Straße in der Funktion eines Zwischenhebewerkes für die Wasserversorgung erbaut. Doch bereits seit 1856 arbeiteten hier auf diesem Gelände die Pumpen des Steigerohrturmes, Teil des ersten Berliner Wasserwerkes am Stralauer Tor. Der städtischen Versorgung diente auch die 1872/73 erbaute IV. Städtische Gasanstalt an der nördlichen Seite der Danziger Straße und im Verlauf der Greifswalder Straße, also noch außerhalb des ersten großen Wohnbebauungsgebietes gelegen. Sie war für die Erweiterung der Gasversorgung der nördlichen Territorien notwendig geworden. Voraussetzung für die Gasproduktion war die Kohleanlieferung über die 1871

Steigerohrturm mit Wasserbecken, Blick auf das wachsende Berlin

Gaswerk an der Greifswalder Straße (historisches Luftbild)

Schlafsaal im Städtischen Obdach (1925/26)

eröffnete Ringbahnstrecke. Auch der Vieh- und Schlachthof, 1881/98 außerhalb der Wohngebiete an der Landsberger Allee (heute Leninallee) und der südlichen Seite des Nordrings angelegt, hatte für die Versorgung Berlins insgesamt eine bestimmende Bedeutung. Problembeladene und öffentlich sichtbare soziale Begleiterscheinungen, die sich mit der Bevölkerungszunahme in Berlin verstärkten, wurden weit vor die Tore der Stadt verbannt. Im Rahmen der Obdachlosen- und Armenfürsorge entstanden an der Prenzlauer Allee und der Fröbelstraße das Städtische Obdach, genannt „Palme", sowie das Hospital und Siechenhaus. Dieser größte kommunal getragene Sozialbau Berlins in dieser Funktion wurde nach Entwürfen des Architekten und Stadtbaurates Hermann Blankenstein (1829 bis 1910) errichtet. Aufgrund günstiger Standortbedingungen konzentrierte sich die Brauindustrie als einziger privater Großgewerbezweig mit zahlreichen Betrieben ebenfalls vor den Toren, wo die anwachsende Bevölkerung zugleich die Konsumenten stellte. Neben der Schultheiss-Brauerei – in der Schönhauser Allee befand sich ihre Abteilung 1 – war die Bötzow-Brauerei eines der größten Brauunternehmen der Stadt. Die Familie Bötzow zählte zu den ältesten Berliner Bürgerfamilien seit dem Mittelalter; die Bötzows verfügten über großen Landbesitz in der Berliner Feldmark. Auf einem Teil ihrer Grundstücke errichtete Julius Bötzow an der Prenzlauer Allee und der Saarbrükker Straße 1864 Lagerkeller und einen Bierausschank, die 1884/85 zur Brauerei erweitert wurden. Im Jahre 1901 erhielt eine Straße den Namen dieser herausragenden Berliner Familie.

Der Bau der Wohngebiete vollzog sich hauptsächlich von Süden nach Norden. Neben vereinzelten Gebäuden, Wohn- und Gartenhäusern, Ausschanklokalen aus der Mitte des 19. Jahrhunderts insbesondere entlang der Schönhauser Allee, auch an der Prenzlauer Allee und der Greifwalder Straße, konzentrierte sich die Bautätigkeit seit den sechziger

Brauerei Julius Bötzow um 1906

Jahren zunächst im Gebiet des Teutoburger Platzes in der Rosenthaler Vorstadt. Bis zur Jahrhundertwende war die Bebauung über den Ring des ehemaligen Communikationsweges, der jetzt den Namen Danziger Straße erhielt, bereits fortgeschritten und erreichte die Ringbahn, die sich als eine weitere Begrenzung im Norden ergab. Ausgedehnte Gebäudekomplexe, die Gasanstalt, das Obdach, Hospital und Siechenhaus und der Vieh- und Schlachthof, die dem Wohnungsbau vorangegangen waren, wurden erst in der Bauperiode bis 1914 von Wohngebieten eingeschlossen bzw. tangiert. Die Jahre des Ersten Weltkrieges und der Inflation unterbrachen die Bautätigkeit; die Folge war ein großer Wohnungsnotstand in Berlin. Ein neuer Aufschwung begann erst wieder 1924 mit der Erhöhung der Wohnungsmieten durch einen Mietzins, der Investitionsmittel für die Errichtung weiterer Wohnbauten freisetzte. Selbstverständlich wurden in den Bauperioden nicht immer alle zur Verfügung stehenden Flächen erfaßt.

Teil der städtischen Entwicklung waren der Bau notwendiger Wohnfolgeeinrichtungen wie Schulen, Verwaltungsgebäude, Kirchen, das Stadtbad Oderberger Straße, die Markthalle XIII in der Wörther Straße. Ein Krankenhaus erhielt das Wohngebiet nicht. In den Wohnhauskomplexen richteten für die unmittelbare Versorgung der Bevölkerung Handwerker ihre Werkstätten, Händler ihre Läden und Gastwirte ihre Lokale ein. Diese Durchdringung der Wohngebiete nahm insbesondere seit den achtziger Jahren des 19. Jahrhunderts bis 1914 Gestalt an. Dabei wurden die Überbleibsel landwirtschaftlicher Nutzung erst allmählich verdrängt: die letzte Windmühle, die Adler-Mühle des Besitzers Hänsch nahe dem Bahnhof Prenzlauer Allee, brannte im Jahre 1900 ab. Ein Großteil der bis zum Ersten Weltkrieg errichteten 57 Gemeindeschulen entstanden nach Entwürfen des Architekten und Stadtbaurates Ludwig Hoffmann (1852 bis 1932), des Nachfolgers von Hermann Blankenstein. Die Schulen in der Dunckerstraße, der klassizistisch gestaltete Schulbau in der Greifswalder Straße, das Stadtbad Oderberger Straße u. a. Gebäude im Bezirk stellen bedeutende architektonische Zeugnisse dar. Für die beiden größten evangelischen Kirchen, Gethsemanekirche (erbaut 1893) und Immanuelkirche (erbaut 1894), die auch für die dort angrenzenden Straßen namengebend wurden, stifteten die Familien Bötzow und Griebenow die Grundstücke; eine finanzielle Förderung erfuhr die Errichtung der Kirchen durch das Haus Hohenzollern. Vier weitere Kirchenbauten, meist integriert in die baulich geschlossenen Straßenzeilen, entstanden zwischen 1906 und 1908.

Die zeitliche Abfolge der Bebauung der einzelnen Gebiete ist teilweise an den Bezeichnungen für Straßen und Plätze ablesbar, spiegeln diese doch Zeitereignisse, politische Machtverhältnisse wider oder weisen auf historische Hintergründe. In jedem Falle werden die Absichten der namengebenden Instanz – bis 1918 war es die königliche Behörde, später u. a. das Innenministerium, auch der Magistrat, gegenwärtig sind es die Bezirksämter – erkennbar.

Die ältesten Bezeichnungen für Straßen im Gebiet des späteren Bezirks waren die seit langem bekannten großen Land- und Handelsstraßen, deren Wegeverlauf auf Orte oder Ortschaften näherer oder ferner Nachbarschaft weist: Pankower Chaussee – Schönhauser Allee, Heinersdorfer Weg – Prenzlauer Allee, Bernauische Landstraße – Greifswalder Straße. Die richtunggebende Funktion dieser Überlandwege ist aus ihrer notwendigen praktischen Nutzung hervorgegangen. Das erste geschlossene Wohnviertel wurde insgesamt nach Orten in der Uckermark benannt, eine Landschaft, die nördlich von Berlin gelegen ist. In den sechziger und siebziger Jahren westlich der Schönhauser Allee erbaut, entstanden hier u. a. die Choriner Straße, die Templiner Straße, die Angermünder Straße, die Schwedter Straße, aus der die Kastanienallee als ehemalige Landstraße hin-

ausführt. In diesem Wohngebiet, teils im Bezirk Mitte, finden wir eine heute noch erhaltene frühe gründerzeitliche Bausubstanz in relativ geschlossener Form.
Das Vorstadtgebiet östlich der Schönhauser Allee bis zur Prenzlauer Allee, nördlich an die Lothringer Straße (ehemaliger Stadtmauerverlauf, heute Wilhelm-Pieck-Straße) anschließend, erwarb der Aktien-Bauverein Königstadt und begann nördlich der Saarbrücker Straße um die Bötzow-Brauerei, den Senefelderplatz und die Wasserversorgungsanlagen (Steigerohrturm, Wasserturm) ein Straßennetz anzulegen und zu bebauen. Der Deutsch-Holländische Aktien-Bauverein, ebenfalls zu Beginn der siebziger Jahre entstanden, kaufte Grundstücke in der Gegend um den Wörther Platz (heute Kollwitzplatz) und baute die Wohnhäuser, die nach Fertigstellung an private Interessenten verkauft wurden, erstmalig in fabrikmäßiger Vorfertigung. Die Herstellung der erforderlichen Baumaterialien erfolgte in der bauvereinseigenen Ziegelei auf dem Helmholtzplatz sowie in einem Betrieb zur Vorfertigung der Bauelemente, gelegen am Transportweg des Nordrings südlich des Bahnhofs Prenzlauer Allee. Dieses gesamte Viertel bis zur Danziger Straße wurde im Zusammenhang mit dem siegreichen Ausgang des Deutsch-Französischen Krieges 1870/71 nach Orten der damaligen Reichslande Elsaß-Lothringen (1871 bis 1919 zu Deutschland gehörig) benannt: Nach der Lothringer Straße mit ihrer Verlängerung, der Elsasser Straße (heute Wilhelm-Pieck-Straße), im Jahre 1873 erhielten zunächst 1874 die Straßburger Straße, die Saarbrücker Straße, die Metzer Straße und die Weißenburger Straße (heute Kollwitzstraße) ihre Bezeichnungen; 1875 folgten dann die Belforter Straße, die Wörther Straße und der Wörther Platz und die nach Generälen benannte Tresckowstraße und Franseckystraße, ergänzt durch die Diedenhofer Straße, Kolmarer Straße und Mülhauser Straße im Jahre 1885.
Einige dieser Straßen wurden umbenannt. Von stadtgeschichtlicher Bedeutung ist dabei die 1947 erfolgte Namensänderung der Weißenburger Straße und des Wörther Platzes

Umbenennung 1947

in Kollwitzstraße und Kollwitzplatz. Zwei Jahre nach dem Tod der bekannten Graphikerin und Bildhauerin Käthe Kollwitz (1867 bis 1945) beschloß der Magistrat diese Maßnahme. Das Käthe-Kollwitz-Denkmal von Gustav Seitz (aufgestellt 1959) auf dem Kollwitzplatz sowie die Plastik „Schützende Mutter" in der Kollwitzstraße erinnern in würdiger Weise an das Leben und Wirken der herausragenden Künstlerin, die lange Jahre, von 1891 bis 1943, in der Weißenburger Straße ihren Wohnsitz und ihr Atelier hatte.

Über den Communikationsweg hinaus entstand in den Jahren zwischen 1891 und 1906 östlich der 1874 benannten Elbinger Straße (heute Dimitroffstraße), dem Friedrichshain vorgelagert, ein kleines Viertel, dessen Straßen Namen westpreußischer Orte tragen. Baulich war dieses Gebiet um 1900 kaum entwickelt, seine Straßenzüge aber waren schon vorgeplant und die unbebauten Straßen mit Namen versehen worden. In diesen schon vorbenannten Straßen errichtete erst in den zwanziger Jahren neben anderen Baugesellschaften die Gemeinnützige Heimstätten-Spar- und Bau-AG (GEHAG) nach Entwürfen von Bruno Taut Wohnanlagen mit Balkonen und begrünten Innenhöfen. Dazu gehörten die Schneidemühler Straße (heute Heinz-Bartsch-Straße), die Paul-Heyse-Straße, die Thorner Straße (heute Conrad-Blenkle-Straße) und die Olivaer Straße (heute Rudi-Arndt-Straße). Umbenennungen in diesem Viertel erfolgten 1974, die Straßen erhielten Namen nach Opfern des nationalsozialistischen Regimes.

Unmittelbar vor dem Königstor entlang der Greifswalder Straße finden wir noch vereinzelte Gebäude aus der Erstbebauungsphase um 1860. Nördlich der Lippehner Straße (heute Käthe-Niederkirchner-Straße) bis zur Elbinger Straße wurde ein Wohngebiet angelegt, durch das auch die bekannte Bötzowstraße führt, dessen Straßen Bezeichnungen aus der ostpreußischen Landschaft und Geschichte tragen, benannt 1902 bis 1905. Mit Fortsetzung der Bautätigkeit nördlich der Elbinger Straße zwischen Greifswalder Straße und Kniprodestraße (heute Artur-Becker-Straße) wurde auch dieses Stadtviertel erweitert. 1911 erhielten die dazugehörende Rastenburger Straße (heute Bernhard-Lichtenberg-Straße), die Kurische Straße (heute John-Schehr-Straße) und die Wehlauer Straße (heute Eugen-Schönhaar-Straße) ihren Namen. Die vollständige bauliche Schließung dieser Straßenzüge erfolgte erst in der zweiten Hälfte der dreißiger Jahre durch die Gemeinnützige Siedlungs- und Wohnungsbaugesellschaft mit einem Wohnkomplex südlich des Gumbinner Grundes (heute Anton-Saefkow-Park), der an der S-Bahn Trasse entlang gelegen ist. Für diese Neubenennungen (1939) wurden wiederum Bezeichnungen ostpreußischer Orte verwendet: u. a. Ermländische Straße (heute Rudolf-Schwarz-Straße), Neukuhrer Straße (heute Olga-Benario-Prestes-Straße). Im Jahre 1974 beschloß der Magistrat durchgängig die Umbenennung aller Straßen im Ost- und Westpreußenviertel. Sie erhielten Namen zum Gedenken an Antifaschisten, beispielsweise von Dietrich Bonhoeffer, Käthe Niederkirchner, Conrad Blenkle.

Am weitesten nach Norden über die Ringbahn hinaus, die Schönhauser Allee entlang, entstand westlich davon an der als Ringstraße (Weichbildgrenze) angelegten Bornholmer Straße zwischen 1903 und 1911 ein sogenanntes Nordisches Viertel: Benennungsgrundlage waren skandinavische Länder, Orte und Persönlichkeiten. Auf die Bornholmer Straße (benannt 1903) folgten die Dänenstraße und die Malmöer Straße 1904, ergänzt durch eine Reihe von Straßen in den Jahren 1907 und 1911 bis hin zur Korsörer Straße südlich der Ringbahn.

Die Eröffnung der Hoch- und Untergrundbahnstrecke Alexanderplatz – Nordring (heute Bahnhof Schönhauser Allee) im Jahre 1913 erschloß die Wohngebiete an der Schönhauser Allee und das Nordische Viertel verkehrsmäßig auch Richtung Innenstadt, zugleich wurde eine Verbindung zur Ringbahn hergestellt. Diese Wohnorte gewannen damit wesentlich an Attraktivität für Angestellte, Beamte, Künstler und Wissenschaftler, die im Innenstadtbereich arbeiteten.

1920 wurde im Zuge der Bildung der neuen Stadtgemeinde Groß-Berlin der IV. Verwaltungsbezirk „Prenzlauer Tor" gegründet, der 1921 seine bis heute gültige Bezeichnung „Prenzlauer Berg" erhielt. Mit einer Einwohnerzahl von 326 311 (1925) auf einer Fläche von 1013 ha (1924) hatte der Bezirk eine sehr hohe Bevölkerungsdichte; nur 352 ha waren davon bebaut, 276 ha noch baufreies Land, und die übrigen Gebiete nahmen u. a. Straßen, Plätze, Parkanlagen und Friedhöfe ein. Vergleichsweise beträgt auf der kaum veränderten territorialen Größe (1989: 1090 ha) die Bevölkerungszahl heute 152 636 (1988).

In den folgenden zwanziger und dreißiger Jahren wurden größere Freiflächen und als Kleingartengelände genutzte Gebiete nördlich der Ringbahnlinie für den Wohnungsbau erschlossen. Das Territorium westlich der Prenzlauer Allee zwischen Carmen-Sylva-Straße (heute Erich-Weinert-Straße), Stahlheimer Straße und Wisbyer Straße ist kennzeichnend für die Bauphase von 1926 bis 1931. Hier entstanden Wohnblöcke mit Balkonen, Loggien und begrünten Innenhöfen, errichtet u. a. durch die Deutsche Gesellschaft zur Förderung des Wohnungsbaues (De Ge Wo) und die Wohnungsbaugesellschaft „Heimat". Das Gebiet, das bereits seit 1911 straßenmäßig vorgeplant war, wurde im selben Jahr nach Schriftstellern und Künstlern wie u. a. Adolf Glaßbrenner, Fanny Lewald, Franz Krüger oder Eduard Meyerheim benannt. Auf beiden Seite der Carmen-Sylva-Straße, östlich der Prenzlauer Allee bis zur Gubitzstraße, begann die Gemeinnützige Heimstätten-Spar- und Bau-AG (GEHAG), ein gewerkschaftseigenes gemeinwirtschaftliches Unternehmen, mit dem Bau einer Wohnanlage nach einem bereits 1925 erarbeiteten Entwurf des Architekten Bruno Taut und dem Leiter der Bauabteilung der GEHAG, Franz Hillinger. 1930 erhielt die Wohnstadt auf Vorschlag der GEHAG den Namen des 1920 verstorbenen ADGB-Vorsitzenden „Carl Legien". Auch die Straßen in diesem Viertel wurden nach bekannten Gewerkschaftern benannt. Erbaut im Stil der Neuen Sachlichkeit, folgt die Architektur weitgehend funktionalen Gesichtspunkten und drückt die bewußte Abkehr vom Mietskasernenbau aus. Nach dem Verbot der freien Gewerkschaften im Mai 1933 erfolgte die Umbenennung der gesamten Wohnanlage im Juli 1933 in „Flandernsiedlung", Ausdruck der Kriegsideologie der Nationalsozialisten. Für die Straßen wurden Bezeichnungen von Kriegsschauplätzen des Ersten Weltkrieges in Flandern verwendet wie Ypernstraße, Kemmelweg, Pilckemstraße u. a. Auf Befehl der Sowjetischen Militäradministration (SMAD) von 1948 vollzog der Magistrat im Jahre 1952 eine erneute Umbenennung für dieses Wohngebiet. Die Straßen erhielten vorwiegend Namen von Widerstandskämpfern gegen das nationalsozialistische Regime, deren Wohnsitz im Bezirk Prenzlauer Berg gelegen war, wie u. a. Sodtkestraße, Schieritzstraße, Georg-Blank-Straße.

Mit Beendigung des Zweiten Weltkrieges 1945 war für den Bezirk eine neue Bausituation entstanden. Zunächst wurden wesentlich mit staatlichen Mitteln die im Krieg durch Bomben und letzte Kampfhandlungen verursachten Schäden beseitigt. Diese waren im Unterschied zu anderen Bezirken verhältnismäßig gering. Etwa 10 % der Gebäudesubstanz war gänzlich zerstört worden, 7 % schwer beschädigt; häufig betraf es die Eckhäuser an den Straßenkreuzungen. Ein Kleingartengebiet östlich der Kniprodestraße (heute Artur-Becker-Straße) wurde zur Aufschüttung der Trümmer genutzt, daraus ging der „Volkspark Prenzlauer Berg" (genannt Oderbruchkippe) hervor. Die Lückenschließungen brachten keine wesentlichen Änderungen im Straßennetz, größere Bauvorhaben verlangten allerdings die Anlage neuer Straßenführungen. Unbebaute Grundstücke existierten noch entlang der Ostseestraße bis hin zur Bezirksgrenze nach Weißensee. Eine völlig neue Bebauung erfolgte in dem Terrain an der Greifswalder Straße zwischen Storkower Straße und Hanns-Eisler-Straße, hauptsächlich in den Jahren 1974 bis 1978. Die Häuser dieses Viertels wurden im Rahmen des staatlichen Wohnungsbauprogramms in der industriellen Technik der Großblockbauweise errichtet. Meist sind es Reihen von elfgeschossigen Miethäusern, die punktuell von zwanzig- bzw. einundzwanziggeschossigen Hochhäusern unterbrochen werden, aber keine geschlossenen Straßenzüge ergeben wie die Altbauten des Bezirks. Wohnfolgeeinrichtungen kamen in bescheidenem Umfang hinzu. Zu den Versorgungs- und Sozialeinrichtungen gehören neben einer Kaufhalle und einer Gaststätte eine Schwimmhalle, eine Bibliothek sowie eine Schule und Kindertagesstätten. Für die neuen Straßen wurden Bezeichnungen von Persönlichkeiten aus Kunst und Wissenschaft gewählt, so Thomas Mann, Hanns Eisler, Albert Einstein. In den achtziger Jahren, nach dem Abriß des Gaswerkes, entstand mit dem Bau der Wohnanlage Ernst-Thälmann-Park ein Ensemble von Neubauten, das ohne zügige Straßenführung teils im Parkbereich gelegen ist. Alte Verwaltungsgebäude des Gaswerkes erhielten die Funktion eines Kulturhauses. Neben anderen Einrichtungen wurden ein Theater, eine Galerie, künstlerische Werkstätten, ein Saal für Großveranstaltungen in den Wohnbereich eingegliedert. Infrastrukturelle Ergänzungen fand das Wohngebiet durch eine Schule, Kindereinrichtungen, eine Schwimmhalle an der Greifswalder Straße sowie ein Planetarium, eröffnet 1987 an der Prenzlauer Allee. Auch nach der Errichtung der Neubauten in diesen Perioden blieb der Charakter des Bezirks als der eines ausgesprochenen Wohngebietes erhalten.

Heute, zu Beginn der neunziger Jahre des 20. Jahrhunderts, ist die bauliche Geschichte des Bezirks mehr als 130 Jahre alt, und darüber hinaus ist die Entwicklung des Terrains über Jahrhunderte zu verfolgen, von der Feldmark Berlins bis zur großstädtischen Siedlung. Die Geschichte des Bezirks ist ein Teil der Geschichte Berlins, der Geschichte der Hauptstadt Preußens und der des Deutschen Reiches sowie der Geschichte der geteilten Stadt und schließlich Teil der Gegenwart des wiedervereinigten Deutschlands. Die

Ernst-Thälmann-Park

Namen der Straßen und Plätze wie auch ihre Bauten widerspiegeln diese besondere historische Stadtentwicklung, wobei sich Parallelen zwischen Bebauung, Straßenführung und Benennung zu erkennen geben. Ebenso wie die Pflasterung der Straße, die Einführung der Beleuchtung, ihr Anschluß an die Kanalisation, an das städtische Verkehrsnetz war die Benennung der Straße, die Zählung der Häuser ein technisches Detail bei ihrer Fertigstellung. War sie geplant, angelegt oder bebaut, dann erhielt sie – wie das Kind nach der Geburt – ihren Namen. Dabei spielte die Absicht der regierenden Namengeber die entscheidende Rolle, wollten sie an politische Zeitereignisse erinnern, wie beispielsweise mit den Namen Elsaß-Lothringens, oder Persönlichkeiten gedenkend ehren, wie eine Reihe ermordeter Widerstandskämpfer gegen den Nationalsozialismus, oder die Erinnerung an hervorragende Persönlichkeiten bewahren, wie beispielsweise an Dichter und Bildhauer, oder wollten sie nur eine Freundlichkeit bekunden, wie etwa mit den Namen des Blumenviertels. Immer ist an sie die bewußte oder unbewußte Aufnahme und Anwendung durch die Menschen, die damit umzugehen haben, gebunden.

Die vorhandene Struktur der Straßen und Plätze im Bezirk einschließlich der Bezeichnungen ist demnach ein Instrument des Sich-Zurechtfindens, der Orientierung im räumlichen Gefüge der Großstadt. So wie die Straße Teil des alltäglichen Lebens ist, ein Ort der Kommunikation, so sind auch die Namen von Straßen und Plätzen Selbstverständlichkeiten im täglichen Umgang, können Vertrautheit und Geborgenheit geben. Den Bewohnern eines Stadtgebietes werden mit den Namen von Straßen und Plätzen Welten vorgeführt, die ihr Leben tangieren, jedoch im alltäglichen Leben verblassen und als anonymes Zeichen zur Lokalisierung zur Kenntnis genommen werden. Waren und sind die offiziellen Benennungspraktiken mit einem bestimmten Anliegen verbunden, so reduzieren sich die Straßennamen durch den fortwährenden Gebrauch über die Gewöhnung zu Formalien. Der Name der Straße vermittelt den Menschen, die darin wohnen, Assoziationen ihrer eigenen Lebensgeschichte; er wird als Ganzes aufgenommen, der Klang erfaßt, weniger analysiert. Identifikation, Heimatgefühl kann sich daran binden. Bei einer bewußten Beschäftigung mit der Herkunft und Bedeutung der Straßennamen werden sie dem Betrachter allerdings Symbol für einen Sachverhalt aus der Geschichte, für ein Ereignis, einen Ort, eine Persönlichkeit, dem er zustimmend oder ablehnend gegenüberstehen kann.

GELTENDE UND EHEMALIGE NAMEN DER STRASSEN UND PLÄTZE

Herkunft, Bedeutung, Lage und Benennungsdaten

Aalesunder Straße

Benennung: 1907
Lage: Führt von der Bornholmer Straße zur Ibsenstraße (Nordisches Viertel)

Åalesund befindet sich in der Provinz Møre og Romsdal, angelegt auf Inseln am Ausgang des Storfjords (Westnorwegen), es hat 33 000 Einwohner (1981). A. wurde 1848 zur Stadt erhoben und nach dem Brand 1904 in Stein neu erbaut (Hilfswerk Kaiser Wilhelms II.).

Ahlbecker Straße

Benennung: 1911
Lage: Führt von der Prenzlauer Allee zur Dunckerstraße

Die Ahlbecker Straße ist Teil eines kleinen Viertels, westlich der Prenzlauer Allee, dessen Straßen nach Orten an der Ostsee benannt wurden.
Das Ostseebad Ahlbeck liegt auf dem Ostteil der Insel Usedom (BL Mecklenburg-Vorpommern), es hat 5 700 Einwohner (1986).

Altenescher Weg

Benennung: 1936
Lage: Führt von der Artur-Becker-Straße (ehem. Kniprodestraße) zum Süderbrokweg

Der Altenescher Weg liegt in einem Viertel von Ein- und Zweifamilienhäusern unterhalb des Volksparkes Prenzlauer Berg. Altenesch (heute: Lemwerder) liegt nördlich von Delmenhorst (BL Niedersachsen, Kreis Wesermarsch) mit 6 900 Einwohnern (1986). In der Schlacht bei Altenesch 1234 wurde der Aufstand der Stedinger Bauern (siehe Stedingerweg) durch ein Kreuzfahrerheer unter Erzbischof Gerhard II. von Bremen niedergeschlagen.

Am Falkplatz

Benennung: 1906
Lage: Verläuft im Zuge der Ystader Straße an der östlichen Seite des Falkplatzes zwischen Gleimstraße und Gaudystraße

Adalbert Falk
geb. 10. 8. 1827 in Metschkau
gest. 7. 7. 1900 in Hamm
Politiker
F. wurde 1858 Mitglied des preußischen Abgeordnetenhauses und war seit 1861 als Staatsanwalt am Kammergericht in Berlin tätig. In seiner Funktion als Kultusminister von 1872 bis 1879 führte er Bismarcks Kulturkampfpolitik gegen die katholische Kirche energisch durch.

Am Friedrichshain

Benennung: 1880
Lage: Verläuft von der Greifswalder Straße/Friedenstraße (Königstor) bis zur Artur-Becker-Straße (ehem. Kniprodestraße) und verbindet die Bezirke Prenzlauer Berg und Friedrichshain

Straße Am Friedrichshain Ecke Bötzowstraße

Vor 1880 wird die Straße als „Verlorener Weg" in den Quellen geführt. Die Straße Am Friedrichshain erhielt ihre Bezeichnung nach dem angrenzenden gleichnamigen Park, der 1846 bis 1848 zur Erinnerung an König Friedrich II. von Preußen angelegt wurde; Friedrich II., in die Geschichte eingegangen als Friedrich der Große, geb. 24. 1. 1712 in Berlin, gest. 17. 8. 1786 in Potsdam, seit 1740 König von Preußen.

Andersenstraße

Benennung: 1907
Lage: Führt von der Bornholmer Straße bis zur Ibsenstraße (Nordisches Viertel)

Hans Christian Andersen
geb. 2. 4. 1805 in Odense
gest. 4. 8. 1875 in Kopenhagen
Dänischer Dichter

A. erlangte Weltruhm durch seine Märchen, die in fast alle Sprachen der Welt übersetzt wurden. Er verarbeitete u. a. Motive dänischer Volksmärchen sowie realistische Elemente und gestaltete phantasievolle, romantische Geschichten.

Angermünder Straße

Benennung: 1864
Lage: Führt von der Wilhelm-Pieck-Straße (ehem. Lothringer Straße) zur Lottumstraße (Uckermärkisches Viertel)

1863 ließ der Grundbesitzer Wilhelm Griebenow diese Straße anlegen, die auch Eselsgang oder Eselsweg genannt wurde, da Griebenow hier einige Esel zum Reiten hielt.
Die Stadt Angermünde liegt in der südlichen Uckermark am Südufer des Mündesees (BL Brandenburg); A. hat 11 877 Einwohner (1983). Nach der Stadtgründung im 13. Jahrhundert kam A. unter brandenburgische Herrschaft.

Angermünder Straße 5 um 1970

Anton-Saefkow-Straße

Erstbenennung: Gumbinner Straße – 1911
Umbenennung: Anton-Saefkow-Straße – 1955
Lage: Führt von der Greifswalder Straße bis zur Artur-Becker-Straße (ehem. Kniprodestraße) am Volkspark Anton Saefkow (ehem. Gumbinner Grund) entlang; ursprünglich verlief sie von der Pregelstraße zur Kurischen Straße (vgl. Pregelstraße)

Anton Saefkow
geb. 22. 7. 1903 in Berlin
gest. 18. 9. 1944 in Brandenburg-Görden
Maschinenbauer, Antifaschist

S. wurde 1927 Mitglied des ZK der KPD; im April 1933 war er unter den ersten Verhafteten des nationalsozialistischen Regimes und bis 1939 in den Konzentrationslagern Hamburg-Fuhlsbüttel und Dachau inhaftiert. Wieder entlassen, schloß sich S. in Berlin erneut der Widerstandsbewegung an. Vorwiegend in Rüstungsbetrieben baute er 72 illegale Gruppen auf. Zeitweilig leitete er gemeinsam mit Georg Schumann, Franz Jacob sowie Dr. Theodor Neubauer eine in Deutschland weitverzweigte Widerstandsorganisation, die Hitlergegner unterschiedlicher weltanschaulicher Herkunft einte. Durch Sozialdemokraten fanden S. und seine engsten Mitstreiter Franz Jacob und Bernhard Bästlein Kontakt zum Widerstandskreis des 20. Juli 1944. Nach seiner Verhaftung durch die Gestapo im Juli 1944 wurde S. vom Volksgerichtshof zum Tode verurteilt.

Gumbinner Straße

(Ostpreußenviertel)
Die Stadt Gumbinnen (russ. Gussew) liegt in der Sowjetunion an der Mündung der Rominte in die Pissa im Gebiet Kaliningrad (Königsberg), sie hat 22 000 Einwohner (1970). Das Dorf G. entstand im 16. Jahrhundert. 1724 wurde G. durch König Friedrich Wilhelm I. als Beamten- und Garnisonsstadt und kulturelles Zentrum im nordöstlichen Ostpreußen neu angelegt. G. war Hauptstadt des gleichnamigen Regierungsbezirkes. Nach dem Zweiten Weltkrieg wurde es der RSFSR angegliedert.

Arnimplatz

Benennung: 1903
Lage: Umgeben von der Paul-Robeson-Straße (ehem. Stolpische Straße), Seelower Straße, Willi-Bredel-Straße (ehem. Schivelbeiner Straße) und der Schönfließer Straße

Auf dem Gebiet des jetzigen Platzes bildete sich infolge der letzten Eiszeit eine Bodensenkung gegenüber dem Umland; es entstand ein kleiner See, später genannt

Arnimplatz

der „Pankpfuhl". Noch bis in die achtziger Jahre des vorigen Jahrhunderts wurden die hier liegenden Moorwiesen im Winter als Eisbahn genutzt. Die Bebauung rund um den Arnimplatz setzte nach der Jahrhundertwende ein.

Ludwig Achim von Arnim
geb. 26.1.1781 in Berlin
gest. 21.1.1831 in Wiepersdorf bei Jüterbog
Dichter

A. wurde insbesondere durch die Sammlung deutscher Volkslieder „Des Knaben Wunderhorn" (1806/1808, 3 Bände) bekannt, gemeinsam mit Clemens Brentano bearbeitete er altes deutsches Liedgut. Seine Erzählungen, Dramen und Romane sind geprägt durch phantasie- und handlungsreiche Darstellungen.

Arnswalder Platz

Erstbenennung: Arnswalder Platz – 1902
Umbenennung: Hellmannplatz – 1937
Rückbenennung: Arnswalder Platz – 1947
Lage: Umgeben von der Dimitroffstraße (ehem. Elbinger Straße), Bötzowstraße, Pasteurstraße und Hans-Otto-Straße (ehem. Braunsberger Straße)

1974 beschloß der Magistrat von Berlin die Aufhebung der Bezeichnung Arnswalder Platz, da diese „keinerlei postalische Bedeutung" habe.
Arnswalde (poln. Choszczno) war Kreisstadt des preußischen Regierungsbezir-

Fruchtbarkeitsbrunnen auf dem Arnswalder Platz von Hugo Lederer

kes Frankfurt/O. in der nordöstlichen Neumark. Im Jahre 1269 wurde A. zuerst erwähnt, im 16. und 17. Jahrhundert brannte es wiederholt ab; es gehört seit 1945 zur Republik Polen.

Hellmannplatz
Fritz Hellmann
geb. 20. 4. 1901
gest. 8. 4. 1932

H. war in Berlin SA-Scharführer und kam bei politischen Auseinandersetzungen in der Zeit der Weltwirtschaftskrise und der unmittelbaren Vorbereitung der Reichspräsidentenwahl (zweiter Wahlgang am 13. 4. 1932) ums Leben.

Artur-Becker-Straße

Erstbenennung: Kniprodestraße – 1901
Umbenennung: Artur-Becker-Straße – 1974
Lage: Führt als Verlängerung der Straße Am Friedrichshain bis zur Bezirksgrenze Weißensee (Jüdischer Friedhof) über die Bahnlinie hinweg (ehem. „Schwarze Brücke")

Umbenennung 1974

Im 18. Jahrhundert führte vom Königstor ausgehend ein „Verlorener Weg" Richtung Osten, etwa im Straßenverlauf der Straße Am Friedrichshain und der Heinz-Bartsch-Straße (ehem. Schneidemühler Straße). Nach der Neuaufteilung der Felder 1822 erhielt der „Verlorene Weg" einen Knick, gleichlaufend mit dem heutigen Straßenzug der Artur-Becker-Straße.

Artur Becker
geb. 12. 5. 1905 in Remscheid
gest. 16. 5. 1938 in Burgos
Schlosser, Antifaschist

B. leitete seit 1930 den KJVD (Kommunistischer Jugendverband Deutschlands) und war Reichstagsabgeordneter der KPD. Im Spanischen Bürgerkrieg geriet er als Angehöriger der XI. Internationalen Brigade 1938 in die Hände der Franco-Truppen. Im Mai 1938 wurde der schwerverwundete B. nach wochenlangen Verhören erschossen.

Kniprodestraße
Winrich von Kniprode
geb. im 14. Jahrhundert (Datum unbekannt) in Monheim
gest. 24. 6. 1382, beigesetzt in der Marienburg

K. war Hochmeister des Deutschen Ritterordens in dessen Blütezeit. Er förderte im Ordensstaat Ackerbau, Gewerbe und Handel. 1370 wurden die Litauer bei Rudau unter seiner Führung besiegt. Im selben Jahr unterstützte K. die Hanse im Kampf gegen Dänemark (Sieg bei Stralsund).

Belforter Straße

Benennung: 1875
Lage: Führt von der Prenzlauer Allee bis zur Kollwitzstraße (ehem. Weißenburger Straße)
(Viertel Elsaß-Lothringen)

Die Belforter Straße ist eine der vier Straßen, die eine Grünanlage mit den ehemaligen Wasserversorgungsanlagen, erbaut 1856 und 1875, umschließen. Die Straße wurde durch den Bauverein Königsstadt angelegt.
Belfort ist Hauptstadt des Departements Territoire de Belfort in Frankreich an der Burgundischen Pforte; B. hat 52 000 Einwohner (1982). Im Deutsch-Französischen Krieg 1870/71 vergeblich durch preußisch-deutsche Truppen belagert, ergab sich B. erst nach dem Fall von Paris. Im Zweiten Weltkrieg besetzten deutsche Truppen die Stadt (17. 6. 1940), im Herbst 1944 erfolgte der Einmarsch der westlichen Alliierten.

Bergener Straße

Benennung: 1907
Lage: Führt von der Bornholmer Straße bis zur Ibsenstraße (Nordisches Viertel)

Bergen liegt an der südlichen Westküste Norwegens und ist die Hauptstadt der Provinz Hordaland mit 207 300 Einwohnern (1984). Seit dem Mittelalter ist B. die größte Hafenstadt Norwegens, wichtigster Fischereihafen und zweitwichtigster Handelshafen nach Oslo. Gegründet im 11. Jahrhundert, erhielt B. 1070 Stadtrecht. B. war eine bedeutende Niederlassung der Hanse, die „Tyskebryggen" (Deutsche Brücke) wurde 1530 als Handelskontor der von Lübeck aus geleiteten Städtehanse erbaut.

Berliner Straße

Benennung: Um 1888
Lage: Fortsetzung der Schönhauser Allee in Richtung Pankow

Als Weiterführung der Schönhauser Allee verband diese alte Landstraße schon im Mittelalter die Stadt Berlin mit dem Ort Pankow. Nur ein kleiner Teil der Straße liegt im Bezirk Prenzlauer Berg.

Bernhard-Lichtenberg-Straße

Erstbenennung: Rastenburger Straße – 1911
Umbenennung: Bernhard-Lichtenberg-Straße – 1974
Lage: Verbindet die Greifswalder Straße mit der Bötzowstraße (ehem. Trakehner Straße)

Bernhard Lichtenberg
geb. 3. 12. 1875 in Ohlau
gest. 5. 11. 1943 in Dachau
Theologe, Antifaschist

Nach seinem Theologiestudium wurde L. 1932 Dompfarrer und übernahm im Februar 1938 das Amt des Domprobstes in Berlin. Mit seiner christlich-humanen Überzeugung stellte er sich gegen das Terrorregime der Nationalsozialisten. L. verbarg jüdische Mitbürger in der St. Hedwigskathedrale, schloß alle Verfolgten in sein öffentliches Gebet ein; er protestierte 1941 in einem Brief gegen die verbrecherische Euthanasie beim Reichsärzteführer. Nach seiner Verhaftung im Oktober 1941 und Verurteilung zu zwei Jahren Gefängnis verlangte L. in das Ghetto von Lódź als Geistlicher zu kommen, um die Weltöffentlichkeit auf die Judenverfolgung aufmerksam machen zu können. 1943 wurde der schwerkranke L. in das Konzentrationslager Dachau gebracht, er verstarb auf dem Transport.

Rastenburger Straße
(Ostpreußenviertel)
Rastenburg (poln. Ketrzyn), Kreisstadt im ehemaligen Ostpreußen, liegt in der Wojewodschaft Olcztyn (ehem. Allenstein) an der Gruber (Masurische Seenplatte) in der Republik Polen (1975: 21 000 Einwohner). Als Burg- und Stadtgründung des Deutschen Ritterordens im eroberten Land der Pruzzen gehörte es bis Mitte des 15. Jahrhunderts zum Ordensstaat, dessen östlicher Teil (und damit auch R.) unter polnisches Lehen fiel. Seit 1525 wurde das Land als Herzogtum Preußen säkularisiert, fiel zu Beginn des 17. Jahrhunderts an das Kurfürstentum Brandenburg und wurde aus der polnischen Oberhoheit 1668 entlassen. R. kam 1945 zu Polen.

Bösebrücke in der Bornholmer Straße

Björnsonstraße

Benennung: 1911
Lage: Führt von der Bornholmer Straße bis zur Ibsenstraße an den Kleingartenanlagen vorbei (Nordisches Viertel)

Björnstjerne Björnson
geb. 8.12.1832 in Krikne
gest. 26.4.1910 in Paris
Dichter

B. ist neben Ibsen Hauptvertreter des kritisch-realistischen Dramas Norwegens. In seinen Erzählungen „Synnove Solbakken" (1857), „Arne" (1858) u. a. schildert er das norwegische bäuerliche Leben. B. war auch als Journalist und Theaterleiter tätig. 1859 schrieb er die norwegische Nationalhymne. Im Jahre 1903 erhielt B. den Nobelpreis.

Bornholmer Straße

Benennung: 1903
Lage: Verläuft von der Schönhauser Allee bis zur Norwegerstraße als ost-westliche Verbindungsstraße, geht in den Bezirk Wedding über (Nordisches Viertel)

Die Bornholmer Straße ist Teil der äußeren Ringstraße nach dem Bebauungsplan von 1862. Entlang der Bornholmer Straße entstanden Straßenzüge, die nach nordeuropäischen Ländern bzw. Orten benannt wurden (Fortsetzung im Bezirk Wedding). Die Ostseeinsel B. ist Teil des Königreiches Dänemark, umfaßt 588 qkm, hat 47 300 Einwohner (1983) und liegt in der südlichen Ostsee etwa 40 km vor der Südspitze der schwedischen Halbinsel Schonen. Hauptsächlich werden Landwirtschaft und Fischerei betrieben; der Hauptort ist Rønne.

Bötzowstraße

Benennung: 1901/1936
Lage: Verband ursprünglich die Straße Am Friedrichshain mit der Dimitroffstraße (ehem. Elbinger Straße) und wurde 1936 durch Anschluß und Umbenennung der Trakehner Straße bis zur Anton-Saefkow-Straße (ehem. Gumbinner Straße) verlängert

Julius Bötzow

Das sog. „Bötzowviertel" entstand im wesentlichen im ersten Jahrzehnt dieses Jahrhunderts. Die Straße erhielt diesen Namen nach der Berliner Bürgerfamilie Bötzow, die auf dem Gebiet des Prenzlauer Berges über großen Grundbesitz verfügte. Julius Bötzow (1811 bis 1873) legte diese Straße an. Im Jahre 1864 gründete er die Bötzow-Brauerei an der Prenzlauer Allee zwischen Saarbrücker Straße und Metzer Straße.

Schulgebäude in der Bötzowstraße

Trakehner Straße

(Ostpreußenviertel)
Benennung: 1911
Umbenennung: Bötzowstraße – 1936

Der Ort Trakehnen (russ. Jasnaja Poljana) liegt in der Sowjetunion im Gebiet Kaliningrad. Bis 1945 lag T. im ehemaligen ostpreußischen Regierungsbezirk Gumbinnen. 1732 wurde hier ein Hauptgestüt (Trakehner) mit 12 Vorwerken durch König Friedrich Wilhelm I. gegründet (bestand bis 1944).

Buchholzer Straße

Benennung: 1873
Lage: Führt von der Schönhauser Allee zur Pappelallee

1870/71 begann die Bebauung der Grundstücke Buchholzer- und Greifenhagener Straße, Gneiststraße, Schönhauser Allee und Pappelallee durch die Berliner Gemeinnützige Baugesellschaft mit Reformbauten.
Das ehemalige Angerdorf Buchholz, 1242 zum ersten Mal erwähnt, kam im 16. Jahrhundert in kurfürstlichen Besitz. Im Jahre 1688 wurden hier Hugenotten angesiedelt. Heute ist B. Stadtteil von Pankow.

Cantianstraße

Benennung: 1903
Lage: Verläuft von der Schönhauser Allee bis zur Gleimstraße am Friedrich-Ludwig-Jahn-Sportpark entlang

Die Cantianstraße, ursprünglich nur von der Gleimstraße zur Gaudystraße angelegt, wurde 1912, nachdem die Stadt einen Teil des Geländes vom Exerzierplatz erworben hatte, bis zur Schönhauser Allee durchgelegt.

Blick in die Buchholzer Straße

Granitschale Cantians im Lustgarten,
Gemälde von J. E. Hummel

Christian Gottlieb Cantian
geb. 23. 6. 1794
gest. 19. 4. 1866
Königlicher Baurat

C. war Baurat und Stadtältester von Berlin. Die Granitschale im Lustgarten (fast 7 m Durchmesser) gestaltete C. nach einem Entwurf Schinkels. Weitere Werke sind die Friedenssäule (1843) auf dem Mehringplatz in Berlin sowie ein Taufstein aus Marmor (1840) in der Laurentius Kirche in Köpenick.

Chodowieckistraße

Benennung: 1906
Lage: Führt von der Prenzlauer Allee bis zur Greifswalder Straße

Spießrutenlaufen,
Radierung von Daniel Chodowiecki

Daniel Chodowiecki
geb. 16.10.1726 in Danzig
gest. 7. 2.1801 in Berlin
Maler und Radierer

Ch. war insbesondere als Illustrator zeitgenössischer Literatur tätig. Im Jahre 1797 wurde er zum Direktor der Berliner Kunstakademie ernannt. Mit seinen Darstellungen aus dem bürgerlichen Milieu schuf Ch. interessante und wertvolle Zeitdokumente.

Choriner Straße

Benennung: 1863
Lage: Verbindet die Wilhelm-Pieck-Straße (ehem. Lothringer Straße) mit der Schönhauser Allee (Uckermärkisches Viertel)

Der von Süden nach Norden verlaufende Teil der Choriner Straße bis zur Fehrbelliner Straße war zuvor der sog. „Hohlweg vor dem Schönhauser Tor". Die Bebauung der Gegend um den Teutoburger Platz westlich der Schönhauser Allee, an den Bezirk Mitte grenzend, erfolgte relativ früh, zwischen 1860 und 1875.

Chorin liegt nördlich von Eberswalde in einer durch die Eiszeit geprägten seen- und waldreichen Landschaft in der Uckermark (BL Brandenburg); Ch. hat 700 Einwohner (1981). Der Ort erlangte Bedeutung durch das ehemalige Zisterzienserkloster (1273 bis 1542), dessen Kirche, das erste bedeutende Bauwerk der märkischen Backsteingotik, 1334 geweiht wurde.

Eckhaus Choriner Straße/Fehrbelliner Straße um 1970

Mädchenschule in der Christburger Straße, heutige Poliklinik

Christburger Straße

Benennung: 1892
Lage: Führt von der Prenzlauer Allee über die Winsstraße zur Greifswalder Straße

Christburg (poln. Dzierzgón) liegt südlich von Elbing (Elbląg) im ehemaligen Westpreußen, heute in der Republik Polen. 1248 entstand hier eine Burg des Deutschen Ritterordens. Ch. erhielt 1290 Stadtrecht. 1466 fiel Ch. an das Königreich Polen und kam mit der ersten Teilung Polens 1772 an Preußen.

Christinenstraße

Benennung: 1860
Lage: Führt von der Wilhelm-Pieck-Straße (ehem. Lothringer Straße) zur Schwedter Straße

Die Christinenstraße, zuvor ein Mühlenweg, erhielt ihren Namen zeitgleich mit der Lottumstraße und war um 1860 noch ungepflastert, mit wenigen einstöckigen Häusern bebaut. Die Namensgebung läßt sich nicht eindeutig belegen, wahrscheinlich wurde die Straße nach der Gemahlin eines der Grafen von Wylich und Lottum benannt. Die Familie war Besitzer verschiedener Grundstücke auf diesem Territorium.

Chrysanthemenstraße

Benennung: 1925
Lage: Verläuft von der Oderbruchstraße zur Schneeglöckchenstraße (Blumenviertel)

Die Chrysantheme, Wucherblume, gehört zur artenreichen Gattung der Korbblütler.

Cohnstraße

Erstbennung: Zillebekeweg – 1938
Umbenennung: Cohnstraße – 1952
Lage: Führt von der Greifswalder Straße zur Behaimstraße (Bezirk Weißensee)

Lothar Cohn
geb. 22.10.1908 in Berlin
gest. 21.1.1944 in Sachsenhausen
Konfektionär, Antifaschist

C. stammte aus einer jüdischen Bürgerfamilie aus dem Prenzlauer Berg. In den zwanziger Jahren schloß sich C. einer bündisch-bürgerlichen Jugendbewegung („Schwarzer Haufen"), in der Folgezeit dem Kommunistischen Jugendverband (KJVD) an. Er war nach 1933 in Berlin als Bauarbeiter tätig. C. hielt Verbindung mit der antifaschistischen Gruppe um Herbert Baum, wurde 1944 verhaftet und im Konzentrationslager Sachsenhausen ermordet.

Zillebekeweg
Zillebeke, Ort südöstlich von Ypern in Belgien gelegen, wurde im Ersten Weltkrieg zwischen 1914 und 1917 oft umkämpft.

Conrad-Blenkle-Straße

Erstbenennung: Thorner Straße – 1891
Umbenennung: Conrad-Blenkle-Straße – 1974
Lage: Verläuft von der Leninallee (ehem. Landsberger Allee) zur Artur-Becker-Straße (ehem. Kniprodestraße)

Conrad Blenkle
geb. 28.12.1901 in Berlin
gest. 20.1.1943 in Berlin-Plötzensee
Bäcker, Antifaschist

B., kommunistischer Politiker, schloß sich 1919 der Freien Sozialistischen Jugend an und trat im gleichen Jahr der KPD bei. 1924 wurde er Vorsitzender des Kommunistischen Jugendverbandes (KJVD); seit 1925 arbeitete B. als Mitglied im Zentralkomitee der KPD. Zwischen 1928 und 1930 wirkte er als Abgeordneter im Deutschen Reichstag, insbesondere auf dem Gebiet der Jugendpolitik. Verfolgt vom nationalsozialistischen Regime emigrierte B. 1934 ins Ausland; er organisierte von hier aus die kommunistische Widerstandsbewegung in verschiedenen Berliner Bezirken. 1941 wurde B. in Dänemark festgenommen und nach seiner Verurteilung durch den Volksgerichtshof in Berlin-Plötzensee 1943 hingerichtet.

Thorner Straße
(Westpreußenviertel)
Thorn (poln. Toruń) liegt in der Republik Polen an der unteren Weichsel (Wisła) und ist Hauptstadt der gleichnamigen Wojewodschaft (1981: 180180 Einwohner). 1231 vom Deutschen Ritterorden gegründet, entwickelte sich T. zu einer bedeutenden frühbürgerlichen Metropole (Mitglied der Hanse). Mitte des 15. Jahrhunderts mit Verlust der Selbständigkeit des Ordensstaates kam T. mit dem westlichen Teil dieses Staates zum Königreich Polen. Von 1793, nach der zweiten Teilung Polens, bis 1918 gehörte T. zum preußischen Staat (Unterbrechung durch Napoleonzeit 1807 bis 1815). T. ist seit dem Versailler Frieden 1919 Industrie- und Handelsstadt Polens (Unterbrechung durch den Zweiten Weltkrieg 1939 bis 1945); die Universität wurde nach Nikolaus Kopernikus benannt, dessen Geburtsstadt T. ist.

Cotheniusstraße

Benennung: 1890
Lage: Führt von der Dimitroffstraße (ehem. Danziger Straße) zur Fritz-Riedel-Straße (ehem. Deutsch-Kroner-Straße)

Christian Andreas von Cothenius
geb. 24. 2. 1708 in Anklam
gest. 5. 1. 1789 in Berlin
Mediziner

Mit großem Erfolg führte C. eine ärztliche Praxis und war Mitglied der Akademie der Wissenschaften in Berlin. 1751 wurde er Leibarzt Friedrichs des Großen. Im Siebenjährigen Krieg hatte C. die Leitung über das gesamte Heeressanitätswesen. 1763 übernahm er die Aufsicht über die Berliner Krankenanstalten als Mitglied der Armendirektion und hatte weitere führende Ämter im Medizinalwesen inne.

Cyanenstraße

Benennung: 1925
Lage: Verläuft von der Maiglöckchenstraße zur Sigridstraße (Blumenviertel)

Cyane oder Kornblume; sie hat leuchtend blaue Blüten und ist ein Ackerunkraut.

Czarnikauer Straße

Benennung: 1906
Lage: Verbindet die Schönfließer Straße mit der Malmöer Straße

Die Stadt Czarnikau (poln. Czarnków) liegt an der Netze (Noteć) in der ehemaligen preußischen Provinz Posen (Poznan), gehört heute zur Republik Polen.

Czarnikauer Ecke Driesener Straße

Dänenstraße

Benennung: 1904
Lage: Führt von der Schönhauser Allee zur Malmöer Straße parallel zur Bahnlinie in Richtung S-Bahnhof Bornholmer Straße (Nordisches Viertel)

Die Straße trägt den Namen der Bevölkerung des Königreiches Dänemark. Die Dänen wanderten im 6. Jahrhundert in das heutige Gebiet Dänemarks ein.

St.-Augustinus-Kirche in der Dänenstraße

Diedenhofer Straße
(ursprüngliche Schreibweise: Diedenhofener Straße)

Benennung: 1885
Lage: Verläuft von der Belforter Straße zur Knaackstraße (ehem. Tresckowstraße) entlang der Grünanlage am Wasserturm (Viertel Elsaß-Lothringen)

Die Stadt Diedenhofen (frz. Thionville) liegt an der Mosel im lothringischen Minettegebiet und hat 42 900 Einwohner (1975). Im Mittelalter war es fränkische Königspfalz und Tagungsort vieler Reichsversammlungen; seit 1659 ist es französisches Gebiet. Nach dem Deutsch-Französischen Krieg, zwischen 1871 und 1919, gehörte D. zu Deutschland, seit 1919 zu Frankreich.

Diesterwegstraße

Benennung: 1891
Lage: Verläuft von der Dimitroffstraße (ehem. Danziger Straße) zum Ernst-Thälmann-Park (ehem. Gaswerkgelände)

Friedrich Adolph Wilhelm Diesterweg
geb. 29.10.1790 in Siegen
gest. 7.7.1866 in Berlin
Pädagoge und Schulpolitiker

D. wirkte seit 1832 als Direktor des neuen Lehrerseminars für die Berliner Stadtschulen; er setzte sich für eine höhere Qualifikation der Lehrer ein. D. betätigte sich um-

Adolf Diesterweg

fangreich auf publizistischem Gebiet, u. a. wurde er 1827 Herausgeber der „Rheinischen Blätter für Erziehung und Unterricht mit besonderer Berücksichtigung des Volksschulwesens" und verfaßte auch selbst Schulbücher. Ziel seines Engagements war die Anhebung des Niveaus in den Volksschulen und damit im Zusammenhang die Trennung von Schule und Kirche. 1850 zwangspensioniert, konnte sich D. seit 1858 wieder als Mitglied im Preußischen Abgeordnetenhaus für seine bildungs- und sozialpolitischen Pläne einsetzen.

Dietrich Bonhoeffer

Dietrich-Bonhoeffer-Straße

Erstbenennung: Woldenberger Straße – 1902
Umbenennung: Dietrich-Bonhoeffer-Straße – 1974
Lage: Führt von der Greifswalder Straße zur Bötzowstraße

Dietrich Bonhoeffer
geb. 4. 2. 1906 in Breslau
gest. 9. 4. 1945 in Flossenbürg
Theologe, Antifaschist

B. war einer der bedeutendsten evangelischen Theologen im Widerstandskampf christlicher Hitlergegner. Zeitweise wohnte er im Prenzlauer Berg in der Oderberger Straße 61 und wirkte hier insbesondere unter der Jugend. Der international bekannte Theologe war Mitglied der Bekennenden Kirche und ein kompromißloser Gegner des Nationalsozialismus; 1940 wurde er mit Redeverbot belegt, verbunden mit einer ständigen polizeilichen Meldepflicht. Als Mitglied des Kreisauer Kreises beteiligte sich B. an der Verschwörung gegen das nazistische Regime. Am 9. April 1945 wurde B. im Konzentrationslager Flossenbürg ermordet.

Woldenberger Straße
Die Stadt Woldenberg (poln. Dobiegniew) liegt in der Republik Polen. W. gehörte zur ehemaligen preußischen Neumark (Regierungsbezirk Frankfurt/O., Kreis Friedeberg). W. wurde um 1300 von Markgraf Waldemar gegründet.

Dimitroffstraße

Erstbenennung: Danziger Straße/Elbinger Straße – 1874
Umbenennung: Dimitroffstraße – 1950
Lage: Verbindungsstraße zwischen Schönhauser Allee und Leninallee (ehem. Landsberger Allee)

Bereits 1822 mit der Separation der nördlichen Feldmark Berlins entstand der Communikationsweg als Verbindungsweg zwischen Pankower Chaussee (Schönhauser Allee) und Chaussee nach Weißensee in einer Breite von 4 Ruthen (15,06 m). Die Benennung dieser Querverbindung durch den Bezirk stand im zeitlichen Zusammenhang mit der Inbetriebnahme des Gaswerkes 1873 an der Danziger Straße/Greifswalder Straße, die Wohnbebauung setzte erst später ein. Der Magistrat schlug 1872 wegen der nahe gelegenen Zionskapelle auf dem Grundstück Schönhauser Allee 142 für diese

Dimitroff- Ecke Senefelderstraße

Adventskirche in der Dimitroffstraße

Artur-Becker-Straße Ecke Dimitroffstraße, 1988

Straße den Namen „Zionsweg" vor, dieser wurde jedoch nicht genehmigt.

Georgi Dimitroff
geb. 18. 6.1882 in Kowatschewzi (Bulgarien)
gest. 2. 7.1949 bei Moskau
Bulgarischer Politiker (KP)

D. lebte nach dem Verbot der Kommunistischen Partei Bulgariens (1923) in der Emigration. 1933 im Zusammenhang mit dem Brand des Reichstagsgebäudes in Berlin verhaftet, entlarvte er als einer der Hauptangeklagten des Leipziger Reichstagsbrandprozesses die provokatorische Absicht der Nationalsozialisten, hiermit einen Vorwand für die Verfolgung von Hitlergegnern zu schaffen. Nach seinem Freispruch, unterstützt durch die internationale Solidarität, lebte D. in der Sowjetunion; er war zwischen 1935 und 1943 Generalsekretär der Kommunistischen Internationale. Von 1946 bis zu seinem Tode 1949 wirkte D. als Ministerpräsident in Bulgarien.

Danziger Straße
Lage: Zwischen Schönhauser Allee und Greifswalder Straße

Danzig (poln. Gdańsk) liegt in der Republik Polen an der Wisłamündung in die Gdańsker Bucht (1984: 467 200 Einwohner). Bereits um 1000 als Handelsort an der Ostsee erwähnt, erhielt D. Mitte des 13. Jahrhunderts vom Herzog von Pommern das Lübecker Stadtrecht verliehen. Um 1309 kam D. unter die Herrschaft des Deutschen Ordens und war seit 1361 Hansestadt. Die Stadt beteiligte sich führend am Kampf gegen den Deutschen Orden 1454/66 und gehörte seit 1466 zu Polen. Mit der zweiten Teilung Polens (1793) fiel D. an Preußen. Nach dem Ersten Weltkrieg 1919 wurde D. Freie Stadt unter Völkerbundaufsicht und 1939 mit Beginn des Zweiten Weltkrieges kam D. wieder an Deutschland. Seit 1945 ist D. polnisch.

Elbinger Straße
Lage: Zwischen Greifswalder Straße und Landsberger Allee

Elbing (poln. Elbląg) ist Kreisstadt in der Wojewodschaft Gdańsk an der Elblążka (1985: 118 500 Einwohner). Die Burg E. wurde 1237 vom Deutschen Orden angelegt; die hier entstandene Siedlung erhielt 1246 Lübecker Stadtrecht. Im 14. Jahrhundert war E. eine bedeutende Hansestadt und kam 1466 als „Freie Stadt" zu Polen. Nach der ersten Teilung Polens 1772 gehörte E. zu Preußen. Seit 1945 ist die Stadt polnisch.

Driesener Straße

Benennung: 1903
Lage: Führt von der Bornholmer Straße zur Dänenstraße

Die Stadt Driesen (poln. Drezdenko) liegt in der Republik Polen, im ehemaligen preußischen Kreis Friedeberg, auf der Netzeinsel (Noteć).

Dunckerstraße

Benennung: 1892/1913
Lage: Verläuft von der Dimitroffstraße (ehem. Danziger Straße) zur Wisbyer Straße über die Bahnanlage (Brücke von 1920)

Die Bebauung der Dunckerstraße erfolgte im wesentlichen bis zur Bahnlinie zwischen dem letzten Jahrzehnt des 19. Jahrhunderts und 1914. Große Teile der Straße wurden erst 1925/30 durch verschiedene Gesellschaften erschlossen. Auch die Benennung vollzog sich in Etappen, zunächst 1892 bis zur Ringbahn und die Fortsetzung 1913.

Schule in der Dunckerstraße 65/66

Brandenburg), ist Industriestandort und Verkehrszentrum mit 54 200 Einwohnern (1986). Als Marktsiedlung wurde „Everswalde" 1276 erwähnt und erhielt um 1300 Stadtrecht. Nachgewiesen sind in der Umgebung von E. das älteste Industriegebiet der Mark Brandenburg (Eisen- und Kupferhammer 1440 bzw. 1532); 1752 kam es zur Gründung einer Thüringer Metallarbeitersiedlung (Vorstadt auf dem Kienwerder) durch Friedrich II. Im Jahre 1970 erfolgte die Zusammenlegung mit Finow zu Eberswalde-Finow.

Grenze an der Eberswalder Straße

Städtische Lesehalle, Dunckerstraße 65/66

Einsteinstraße

Benennung: 1964/1976 (Verlängerung)
Lage: Führt von der Storkower Straße zur Hanns-Eisler-Straße

Die Einsteinstraße liegt im Neubaugebiet, östlich der Greifwalder Straße, das 1974 bis 1978 auf einem ehemaligen Laubengelände errichtet wurde.

Hermann Duncker
geb. 5. 1. 1817
gest. 13. 12. 1893

D. war in den Jahren von 1872 bis 1891 Oberbürgermeister von Berlin.

Eberswalder Straße

Benennung: 1889
Lage: Führt von der Schönhauser Allee zur Schwedter Straße, Verbindung zur Bernauer Straße im Bezirk Wedding

Die Stadt Eberswalde liegt im Eberswalder Urstromtal am Nordrand des Barnim (BL

Albert Einstein
geb. 14. 3. 1879 in Ulm
gest. 18. 4. 1955 in Princeton (USA)
Physiker

E. erhielt 1913 die Berufung an die Preußische Akademie der Wissenschaften in Berlin, im Jahre 1914 wurde er Direktor des Kaiser-Wilhelm-Instituts für Physik. Die

Albert Einstein

emporkommende nationalsozialistische Diktatur und der damit verbundene Antisemitismus ließen ihn 1932 aus Deutschland emigrieren. E. war Mitbegründer der Quantentheorie und schuf die spezielle und allgemeine Relativitätstheorie. 1921 erhielt er den Nobelpreis. Mit seinen fachwissenschaftlichen Leistungen bestimmte E. in bedeutendem Maße das Profil der modernen Physik mit.

Erich-Boltze-Straße

Erstbenennung: Gnesener Straße – 1904
Umbenennung: Erich-Boltze-Straße – 1974
Lage: Führt von der Dimitroffstraße (ehem. Danziger Straße) zur Conrad-Blenkle-Straße (ehem. Thorner Straße)

Erich Boltze
geb. 2. 9. 1905 in Berlin
gest. 11. 10. 1944 in Sachsenhausen
Tischler, Antifaschist
B. war in verschiedenen Berliner Betrieben tätig. Er arbeitete im Kommunistischen Jugendverband (KJVD), u. a. im Unterbezirk Nord und in der Gewerkschaft der Holzarbeiter. Nach der Machtübernahme der Nationalsozialisten betätigte sich B. illegal im Widerstand gegen das NS-Regime in Berlin, auch im Prenzlauer Berg. 1937 verhaftet, kam er nach 3 Jahren Zuchthaus in das Konzentrationslager Sachsenhausen, wo er mit 26 weiteren Häftlingen erschossen wurde.

Gnesener Straße
(Westpreußenviertel)
Gnesen (poln. Gniezno) ist eine polnische Stadt in der Wojewodschaft Poznań mit Industrie und umliegenden Landwirtschaftsgebieten (1986: 68 400 Einwohner). G. wurde 1000 u. Z. gegründet, war Erzbistum und bis 1320 Krönungsstadt der polnischen Könige. Die Grabstätte des Hl. Adalbert von Prag, Bischof und Missionar (997 von heidnischen Preußen erschlagen), im Dom zu G. ist bis heute Wallfahrtsort. Nach der zweiten Teilung Polens 1793 kam G. mit Teilen Westpreußens zum preußischen Staat. G. wurde ein Zentrum der polnischen Nationalbewegung; seit Wiedergründung des polnischen Staates 1919 ist G. Kreisstadt.

Erich-Weinert-Straße

Erstbenennung: Carmen-Sylva-Straße – 1904
Umbenennung: Erich-Weinert-Straße – 1954
Lage: Verläuft von der Schönhauser Allee über die Prenzlauer Allee bis zur Greifswalder Straße als eine Querverbindung zwischen diesen drei Magistralen

Kennzeichnend für den Teil der Erich-Weinert-Straße östlich der Prenzlauer Allee sind umfangreiche Baukomplexe der zwanziger Jahre. Bekannt ist die Wohnstadt als Tautsiedlung, ursprünglich „Carl-Legien-Siedlung", zwischen Sültstraße und Gubitzstraße, die 1929/30 für die GEHAG (Gemeinnützige Heimstätten Spar- und Baugesellschaft) nach Entwürfen von Bruno Taut und Franz Hillinger erbaut wurde.

Wohnanlage an der Carmen-Sylva-Straße, 1929/30

Erich Weinert
geb. 4. 8. 1890 in Magdeburg
gest. 20. 4. 1953 in Berlin
Schriftsteller

Nach der Lehre in einer Maschinenfabrik und einem Studium mit dem Staatsexamen zum Zeichenlehrer wurde W. 1914 Soldat. Als politischer Satiriker veröffentlichte er in den zwanziger Jahren Arbeiten in der „Weltbühne", im „Simplizissimus", im „Eulenspiegel" u. a. Zeitschriften. In zahlreichen Auftritten, insbesondere vor Arbeitern, engagierte sich W. auf politischen Versammlungen als Redner und Rezitator eigener Gedichte. Er war Mitbegründer und Vorstandsmitglied des Bundes proletarisch-revolutionärer Schriftsteller und Mitherausgeber der Zeitschrift „Die Linkskurve". 1929 wurde er Mitglied der KPD. Seit 1933 war W. in der Emigration in der Schweiz, in Frankreich, in der Sowjetunion, er nahm am Spanischen Bürgerkrieg teil. In den Schützengräben vor Stalingrad wandte sich W. mit Flugblättern, Aufrufen und Gedichten an deutsche Soldaten (1942/43). 1945/46 war W. als Vizepräsident der Zentralverwaltung für Volksbildung in Berlin tätig.

Carmen-Sylva-Straße
(Schriftstellerviertel)

Carmen Sylva – Pseudonym für Pauline Elisabeth Ottilie Luise – Königin von Rumänien

geb. 29. 12. 1843 in Monrepos
gest. 2. 3. 1916 in Bukarest
Schriftstellerin

S. schrieb seit 1880 Gedichte und Unterhaltungsromane. Sie war auch als Übersetzerin rumänischer Dichtung ins Deutsche tätig. Bekannt wurde S. mit den Werken „Die Wacht an der Donau" und „Stürme" (1881).

Ernst-Fürstenberg-Straße

Erstbenennung: Schönlanker Straße – 1905
Umbenennung: Ernst-Fürstenberg-Straße – 1974
Lage: Führt von der Paul-Heyse-Straße zur Erich-Boltze-Straße (ehem. Gnesener Straße)

Ursprünglich führte die Schönlanker Straße bis zur Artur-Becker-Straße (ehem. Kniprodestraße); durch die Grundstücksbebauung in den sechziger Jahren verkürzte sich der Straßenverlauf.

Ernst Fürstenberg
geb. 30. 6. 1899 in Memel
gest. 11. 10. 1944 in Sachsenhausen
Chemiker, Antifaschist

Nach dem Besuch des Polytechnikums in Köthen arbeitete F. als Chemiker. Die während seiner Arbeitslosigkeit, insbesondere im Ausland, gewonnenen Erfahrungen der wirtschaftlich-sozialen Lage nutzte er bei seiner Lehrtätigkeit an der Marxistischen Arbeiterschule (MASCH) in Berlin. Aufgrund seiner politischen Schulungsarbeit und der Verbreitung von Flugblättern und Zeitschriften wurde er 1934 von der Gestapo verhaftet und zu sechs Jahren Zuchthaus verurteilt. Nach Ablauf der Haftzeit kam F. in das Konzentrationslager Sachsenhausen, wo er wegen angeblichen Aufruhrs erschossen wurde.

Schönlanker Straße
(Westpreußenviertel)
Die Stadt Schönlanke (poln. Trzcianka) liegt in der Wojewodschaft Piła (ehem. Schneidemühl) in der Republik Polen (1979: 13 000 Einwohner). Sch. war eine polnische Gründung um 1650, erhielt 1731 Stadtrecht und kam mit der ersten Teilung Polens zu Preußen. Sch., gelegen in der ehemaligen Provinz Posen, wurde Verwaltungssitz der 1919 bei Preußen verbliebenen Teile der Kreise Kolmar, Czarnikau und Filehne, westlich der Netze.

Esmarchstraße

Benennung: 1904
Lage: Führt von der Käthe-Niederkirchner-Straße (ehem. Lippehner Straße) zur Pasteurstraße

Friedrich August von Esmarch
geb. 9. 1. 1823 in Tönning
gest. 23. 2. 1908 in Kiel
Chirurg

E. wurde 1857 Professor für Chirurgie und Augenheilkunde und war einer der populärsten Ärzte seiner Zeit. Er war insbesondere auf dem Gebiet der Unfall- und Kriegschirurgie tätig und unterstützte die Einrichtung des Samariterwesens in Deutschland. Seine bedeutendste wissenschaftliche Leistung war die Ausarbeitung des Verfahrens zur künstlichen Blutleere bei Operationen (1873).

Esmarchstraße (hist. Aufnahme)

Eugen-Schönhaar-Straße

Erstbenennung: Wehlauer Straße – 1911
Umbenennung: Eugen-Schönhaar-Straße – 1974
Lage: Verläuft von der Dimitroffstraße

(ehem. Elbinger Straße) bis zur Anton-Saefkow-Straße (ehem. Gumbinner Straße)

Eugen Schönhaar
geb. 29.10.1898 in Eßlingen/Neckar
gest. 1.2.1934 in Berlin
Kernmacher, Antifaschist

Sch. schloß sich früh der sozialdemokratischen Jugendbewegung an. Während des Ersten Weltkrieges setzte er sich als Soldat (seit 1917) sowie als Sympathisant der Spartakusgruppe für die Beendigung des Krieges ein. In den zwanziger Jahren, seit 1919 Mitglied der KPD, wurde Sch. einer der Sekretäre der Kommunistischen Jugend Deutschlands (KJD), wirkte international als deutscher Vertreter der Kommunistischen Jugendinternationale und leitete von 1924 bis 1927 in Berlin das Mitteleuropäische Büro der Internationalen Arbeiterhilfe (IAH). Als Mitarbeiter des Sekretariats des Zentralkomitees der KPD war Sch. an der im Untergrund wirkenden Arbeit des ZK der KPD beteiligt, wurde 1934 verhaftet und im Februar desselben Jahres im Geheimen Staatspolizeiamt in der Prinz-Albrecht-Straße von der Gestapo erschossen.

Wehlauer Straße
(Ostpreußenviertel)
Die Stadt Wehlau (russ. Snamensk) liegt in der Sowjetunion, sie hat 7 500 Einwohner (1971). W. war Kreisstadt im ehemaligen Ostpreußen, Regierungsbezirk Königsberg, am Einfluß der Alle in den Pregel und wichtiger Pferde- und Viehmarkt. Bekannt wurde der Ort durch den Vertrag von W. (1657), in dem Polen auf das Oberhoheitsrecht über das Herzogtum Preußen zugunsten von Brandenburg verzichtete. Seit 1945 gehört W. zur RSFSR.

Falkplatz

Benennung: 1906
Lage: Umgeben von der Gleimstraße, Schwedter Straße, Gaudystraße und der Straße Am Falkplatz, westlich begrenzt durch die Bahnlinie (ehem. Güterbahnhof Eberswalder Straße)

Siehe Am Falkplatz

Fehrbelliner Straße

Benennung: 1863
Lage: Führt von der Schönhauser Allee bis zur Choriner Straße (Fortsetzung bis zur Anklamer Straße im Bezirk Mitte)

Die Bebauung der Straßen um den Teutoburger Platz setzte relativ früh, bereits nach 1860 ein.
Fehrbellin liegt südlich von Neuruppin im Rhinluch und am Rhin (BL Brandenburg),

Herz-Jesu-Kirche in der Fehrbelliner Straße

hat 2 300 Einwohner (1981). F. war Hauptort des ehemaligen Ländchens Bellin, wurde 1217 erstmalig erwähnt. In der Schlacht bei F. am 28. 6. 1675 konnte die brandenburgische Armee des Großen Kurfürsten mit Unterstützung von Bauern und Bürgern die zahlenmäßig überlegenen Schweden schlagen; damit wurde der Zusammenschluß mit der französischen Armee verhindert und die Mark Brandenburg von schwedischer Besetzung befreit.

Finnländische Straße

Benennung: 1907
Lage: Führt von der Malmöer Straße zur Norwegerstraße (Nordisches Viertel)

Die Straße erhielt ihren Namen nach dem damals unter russischer Oberhoheit stehenden Großfürstentum Finnland. F., seit 1919 selbständige Republik, hat 4,95 Millionen Einwohner (1988), die Hauptstadt ist Helsinki.

Franz-Dahlem-Straße

Erstbenennung: Winsstraße – 1891 (nördlich der Danziger Straße gelegener Teil)
Umbenennung: Franz-Dahlem-Straße – 1984
Lage: Führt von der Dimitroffstraße in den Ernst-Thälmann-Park. Der ursprüngliche Verlauf des nördlichen Teils der Winsstraße führte von der Danziger Straße zur Fröbelstraße. Mit Bau des Ernst-Thälmann-Parks auf dem Gelände des ehemaligen Gaswerkes wurde die Straße verlängert.

Franz Dahlem
geb. 14. 1. 1892 in Rohrbach/Lothringen
gest. 17. 12. 1981 in Berlin
Kaufmann, Journalist, Politiker

Nach seiner Tätigkeit in einem kaufmännischen Beruf arbeitete D. in den zwanziger Jahren vorwiegend als Journalist. Er war Abgeordneter des Reichstages und des Preußischen Landtages. 1913 trat er der SPD bei, 1917 wurde D. Mitglied der USPD und 1920 der KPD. Er emigrierte im Mai 1933 nach Frankreich und bemühte sich von hier um die Organisation des Widerstandes in Deutschland. 1937 nahm er als politischer Leiter der Internationalen Brigaden am Spanischen Bürgerkrieg teil. Von 1939 bis 1945 war D. in den Konzentrationslagern Vernet (Frankreich) und Mauthausen. Nach 1945 wirkte er als Mitglied im Landtag von Mecklenburg. 1953 wurde D. aufgrund falscher Anschuldigungen von allen Partei- und Staatsfunktionen enthoben; 1956 teilweise rehabilitiert, wirkte er bis zu seinem Tode als stellv. Staatssekretär im Staatssekretariat für Hoch- und Fachschulwesen der DDR.

Winsstraße
Siehe Winsstraße

Fritz-Riedel-Straße

Erstbenennung: Deutsch-Kroner-Straße – 1906
Umbenennung: Fritz-Riedel-Straße – 1951
Lage: Nebenstraße der Leninallee (ehem. Landsberger Allee), parallel zur Bahnlinie; die Deutsch-Kroner-Straße führte ursprünglich von der Landsberger Allee bis zur Cotheniusstraße

Fritz Riedel
geb. 1. 3. 1908 in Berlin
gest. 21. 8. 1944 in Brandenburg/Görden
Metallgießer, Antifaschist

R. war seit 1929 Mitglied des Arbeitersportvereins „Fichte". In der Zeit des Nationalsozialismus setzte R. seine Sporttätigkeit fort und nutzte Sportveranstaltungen für antifaschistische Aktionen. R. arbeitete als Kurier der Widerstandsorganisation von Robert Uhrig und stellte Kontakte zu Antifaschisten in Hannover, Essen und Hildesheim her. In seiner Wohnung in der Rigaer Straße 64 (Bezirk Friedrichshain) fanden illegale Beratungen statt. 1942 wurde R. bei der Wehrmacht verhaftet; er starb im Zuchthaus Brandenburg/Görden unter dem Fallbeil.

Deutsch-Kroner-Straße
(Westpreußenviertel)
Deutsch Krone (poln. Wałcz) liegt in der Republik Polen. Der Ort war bis 1945 Kreisstadt im Regierungsbezirk Marienwerder in Westpreußen.

Fröbelplatz

Erstbenennung: Nordmarkplatz – 1935
Umbenennung: Fröbelplatz – 1982
Lage: Umgeben von der Prenzlauer Allee, der Fröbelstraße (ehem. Nordmarkstraße) und der Diesterwegstraße, im Süden begrenzt durch das Krankenhaus Dimitroffstraße (ehem. Berufsschule)

Friedrich Wilhelm August Fröbel
geb. 21.4.1782 in Oberweißbach/Thüringen
gest. 21.6.1852 in Marienthal
Pädagoge

F. war Schüler Pestalozzis und beschäftigte sich insbesondere mit der erzieherischen und bildenden Wirkung des Spieles in der Vorschulerziehung. Er stellte das Spiel als gleichwertiges Bildungsmittel neben den Unterricht und schuf viele, den Altersstufen entsprechende Spiele und Beschäftigungsmittel. Seine Bemühungen gewannen 1840 mit der Gründung des „Allgemeinen deutschen Kindergartens" feste Formen; von ihm stammt der Begriff „Kindergarten". In den folgenden Jahren widmete sich F. der Verbreitung der Kindergärten für die 3 bis 6jährigen in Deutschland.

Nordmarkplatz
Nordmark, als Mark des Markgrafen Gero 937 gegründet, gehörte dieses Gebiet zwischen mittlerer Elbe und Oder von 965 bis zum Slawenaufstand 983 als Nordmark zum Römisch-deutschen Kaiserreich. Erst im 12. Jahrhundert wurde dieses Territorium, u. a. auch Brandenburg (1157), unter Albrecht dem Bären wieder erobert; seitdem nannte er sich Markgraf von Brandenburg. Der Name N. verblieb noch über längere Zeit bei der linkselbischen Altmark.

Fröbelstraße

Erstbenennung: Fröbelstraße – 1891
Umbenennung: Nordmarkstraße – 1937
Fröbelstraße – 1982
Lage: Verläuft von der Prenzlauer Allee zur Franz-Dahlem-Straße (ehem. Winsstraße)

Siehe Fröbelplatz

Friedrich Fröbel

Städtisches Hospital, Siechenhaus und Obdach an der Fröbelstraße, erbaut 1886/89

Gaudystraße

Benennung: 1903
Lage: Verläuft von der Schönhauser Allee zur Schwedter Straße

Franz Bernhard Heinrich Wilhelm Freiherr von Gaudy
geb. 19. 4. 1800 in Frankfurt/Oder
gest. 5. 2. 1840 in Berlin
Schriftsteller

Nach dem Ausscheiden aus dem preußischen Militärdienst 1833 war G. als freischaffender Schriftsteller, Herausgeber und Redakteur des „Deutschen Musenalmanachs" tätig. G. wurde bekannt insbesondere mit seinen „Liedern und Romanzen" (1837), den kulturgeschichtlich bedeutsamen Reiseschilderungen „Mein Römerzug" (1836) sowie den „Venezianischen Novellen" (1838). Seine Dichtungen tragen einen sehr stimmungsvollen, farbigen und humoristischen Charakter.

Georg-Blank-Straße

Erstbenennung: Dißmannweg – 1931
Umbenennung: Hollebekeweg – 1933
Georg-Blank-Straße – 1952
Lage: Führt von der Sültstraße (ehem. Flandern- bzw. Massinistraße) bis zur Gubitzstraße

Die Georg-Blank-Straße liegt in der 1929/30 von der GEHAG erbauten Wohnstadt an der Erich-Weinert-Straße (nach Entwürfen von B. Taut und F. Hillinger).

Georg Blank
geb. 19. 6. 1888 in Berlin
gest. 12. 7. 1944 in München
Antifaschist

B., im Bezirk Prenzlauer Berg geboren, wirkte als Funktionär in der SPD. Er setzte sich nach 1933 für die Sammlung aller Hitlergegner ein und organisierte illegale Aktionen. Von der Gestapo inhaftiert, verstarb B. 1944 aufgrund der unmenschlichen Bedingungen in der Gefangenschaft im SS-Gefängnis in München.

Hollebekeweg
Hollebeke ist ein Ort in Flandern (Belgien),

südöstlich von Ypern. H. wurde im Oktober 1914 von deutschen Truppen eingenommen. Im Juli/August 1917 war H. Brennpunkt der Flandernschlacht (englische Offensive).

Dißmannweg
Robert Dißmann
geb. 8. 8. 1878 in Hülsenbusch/Rheinland
gest. 30. 10. 1926
Dreher, Maschinenbauer, Gewerkschaftsführer

D. wurde 1897 Mitglied der SPD und des Deutschen Metallarbeiterverbandes (DMV). Er wirkte aktiv in beiden Organisationen u. a. für die Verbindung der Sozialdemokratie zu den Gewerkschaften. D. war Befürworter des politischen Massenstreiks und Gegner des Ersten Weltkrieges. Er zählte zu den Mitbegründern der USPD (1917) und setzte sich für die Vereinigung der USPD mit der SPD (1922) ein. Im Oktober 1919 wurde er zu einem der drei Vorsitzenden des DMV gewählt. D. war seit 1920 auch Abgeordneter im Deutschen Reichstag und Exekutivmitglied des Internationalen Metallarbeiterverbandes. Während der Rückreise von einem Metallarbeiterkongreß in Detroit erlag D. im Oktober 1926 einem Herzversagen.

Gethsemanestraße

Benennung: 1894
Lage: Verläuft rückwärtig um die Gethsemanekirche von der Greifenhagener Straße zur Stargarder Straße

Gethsemane („Ölkelter"), Örtlichkeit am Fuße des Ölbergs bei Jerusalem, nach dem Neuen Testament Ort der Gefangennahme Jesu. Die Straße wurde nach der gleichnamigen Kirchgemeinde benannt. 1893 erfolgte die Einweihung der Gethsemanekirche, erbaut nach Plänen des Baurats Orth. Das Baugrundstück war eine Schenkung der Witwe des Grundbesitzers Griebenow, der Kirchenbau wurde finanziell durch das Kaiserhaus gefördert. Auch die Namenswahl regte Kaiserin Auguste Viktoria an.

Gethsemanekirche in der Stargarder Straße

Brutaler Polizeieinsatz am Abend des 7. Oktober 1989 vor der Gethsemanekirche

Glaßbrennerstraße

Benennung: 1913
Lage: Führt von der Kuglerstraße zur Wisbyer Straße (Schriftstellerviertel)

Adolf Glaßbrenner
(Pseudonym: Brennglas)
geb. 27. 3. 1810 in Berlin
gest. 25. 9. 1876 in Berlin
Schriftsteller

Kino Colosseum, Schönhauser Allee Ecke Gleimstraße

G. war aufgrund seiner demokratischen Gesinnung und seines Humors eine der populärsten Persönlichkeiten der vormärzlichen Berliner Bewegung. Er führte den Berliner Dialekt in die Literatur ein, bekannt wurden seine meisterhaft gezeichneten Volksgestalten, wie Eckensteher Nante, Hökerinnen, Fuhrleute u. a. G. war auch als Journalist und Herausgeber mehrerer Zeitungen und Zeitschriften tätig, u. a. der Heftreihe „Berlin, wie es ist und – trinkt" (1832/50), später ergänzt durch „Buntes Berlin" (1837/41).

Gleimstraße

Benennung: 1892
Lage: Verläuft von der Schönhauser Allee bis zur Schwedter Straße (Fortsetzung im Bezirk Wedding bis zur Swinemünder Straße, Verbindung unter der ehem. Bahnlinie durch den Gleimtunnel)

Johann Wilhelm Ludwig Gleim
geb. 2. 4. 1719 in Ermsleben
gest. 18. 2. 1803 in Halberstadt
Dichter

G. schrieb Lyrik und beschäftigte sich mit der Erneuerung der Bänkelsang-Ballade. Zu seinem umfangreichen Werk zählen u. a. „Versuch in scherzhaften Liedern" (1744/58), „Preußische Kriegslieder in den Feldzügen 1756 und 1757 von einem Grenadier" (1757/58). G. stand im Mittelpunkt des Halleschen und Halberstädter Dichterkreises.

Gneiststraße

Benennung: 1896
Lage: Führt von der Schönhauser Allee zur Pappelallee

Die Gneiststraße 1–20 ist Teil der Wohnanlage Schönhauser Allee, Buchholzer Straße, Pappelallee, Gneiststraße, die durch die „Berliner Gemeinnützige Baugesellschaft" in Reformbauweise seit 1870/71 errichtet wurde.

Heinrich Rudolf Hermann Friedrich von Gneist
geb. 13. 8. 1816 in Berlin
gest. 22. 7. 1895 in Berlin
Jurist und Politiker

G. war als Universitätsprofessor für öffentliches Recht und u. a. als Oberverwaltungsgerichtsrat in Berlin tätig. Er hatte 25 Jahre lang den Vorsitz des Zentralvereins für das Wohl der arbeitenden Klassen und setzte sich auch als Mitglied des preußischen Abgeordnetenhauses (1858 bis 1893) und des Reichstages für bürgerliche Reformen ein. G. hatte Einfluß auf die preußische und deutsche Verwaltungsgesetzgebung.

Inschrift an der Wohnanlage in der Gneiststraße: „Berliner Gemeinnützige Baugesellschaft 1894"

Goethestraße

Benennung: 1956
Lage: Führt von der Ostseestraße bis zur Paul-Grasse-Straße und weiter bis zur Charlottenburger Straße im Bezirk Weißensee

Johann Wolfgang von Goethe
geb. 28. 8. 1749 in Frankfurt/Main
gest. 22. 3. 1832 in Weimar
Dichter

G. ist der bedeutendste Repräsentant der deutschen Klassik und Nationalliteratur und eine der überragendsten Persönlichkeiten der Weltliteratur. Der hohe geistige Gehalt in seinen Werken, sein enges Verhältnis zur Wirklichkeit gipfeln im „Faust" (1808/33) mit der Schaffung eines Sinnbildes vom schöpferisch tätigen Menschen, ja der gesamten Menschheitsgeschichte. G. war nur einmal, im Jahre 1778, in Berlin; er reiste mit dem Herzog Karl August von Weimar über Leipzig und Potsdam nach Berlin. Mit dem Berliner Menschenschlag konnte er nicht recht vertraut werden. G. lernte hier den Porträtmaler Anton Graf, den Kupferstecher Daniel Chodowiecki, den Musiker Carl Friedrich Zelter und den Philosophen Moses Mendelssohn kennen.

Göhrener Straße

Benennung: 1910
Lage: Führt von der Raumerstraße zur Senefelderstraße

Die Göhrener Straße ist Teil eines kleinen Viertels, westlich der Prenzlauer Allee, das nach Orten an der Ostsee benannt wurde. Das Ostseebad Göhren liegt im Südosten von Rügen (Halbinsel Mönchgut im BL Mecklenburg-Vorpommern), G. hat 1800 Einwohner (1971). Alljährlich erholen sich hier zahlreiche Badegäste.

Altbauten in der Göhrener Straße

Gormannstraße

Benennung: 1867/1897
Lage: Führt von der Weinmeisterstraße (Bezirk Mitte) bis zur Zehdenicker Straße, nur ein kleiner Teil liegt im Prenzlauer Berg

Im Jahre 1699 entstand ein Verbindungsweg zwischen der Rosenthaler Straße und der Linienstraße, der „Laufgasse" genannt wurde. Hier, wahrscheinlich in diesem Teil der Straße (heute Bezirk Mitte), besaß der Töpfer Gormann im 19. Jahrhundert ein Haus. Der zweite Straßenabschnitt zwischen Wilhelm-Pieck-Straße (ehem. Lothringer Straße) und Zehdenicker Straße erhielt 1897 diesen Namen.

August Cornelius Gormann
geb. 16. 3. 1796
gest. 12. 5. 1861
Töpfermeister
G. erwarb sich Verdienste durch die Verwendung von Ton für Architekturteile. Nach seinem Tode wurde die Straße nach ihm benannt.

Gotlandstraße

Benennung: 1907
Lage: Führt von der Bornholmer Straße zur Stavangerstraße (Nordisches Viertel)

Gotland, Insel des Königreiches Schweden, ist die größte aller Ostseeinseln (3173 qkm einschließlich der Vorinseln) mit 56 200 Einwohnern (1987). Einzige Stadt ist Visby (siehe Wisbyer Straße). Der Name G. geht zurück auf den ostgermanischen Stamm der Goten, der ursprünglich im Ostseeraum und an der unteren Weichsel siedelte.

Greifenhagener Straße

Benennung: 1895
Lage: Führt von der Gneiststraße bis zur Wisbyer Straße

Greifenhagener Brücke

Die Verbindung der beiden Straßenteile über die Bahnlinie erfolgte mit dem Bau der Fußgängerbrücke im Jahre 1911.
Greifenhagen (poln. Gryfino) liegt in der Wojewodschaft Szczecin in der Republik Polen (1979: 15 000 Einwohner). Im Jahre 1262 erhielt G. Lübecker Stadtrecht. Tore und Marienkirche aus dem 14. Jahrhundert zeugen von der Bedeutung der Stadt im Spätmittelalter. Durch den Westfälischen Frieden (1648) kam es mit Pommern an Brandenburg.

Greifswalder Straße

Erstbenennung: Chaussee nach Weißensee – 1803
Umbenennung: Vor dem Königs-Thore – 1859
Greifswalder Straße – 1868
Lage: Eine der großen Magistralen durch den Bezirk, verläuft von der Straße Am Friedrichshain (am Königstor) in nordöstlicher Richtung bis zur Gürtelstraße (Bezirksgrenze nach Weißensee)

Die Greifswalder Straße, vor 1803 Bernauische Landstraße genannt, ausgehend vom Bernauer Tor, führte als alte Heer- und Handelsstraße nach Bernau, Greifswald und Stettin. Von 1800 bis 1803 wurde sie befestigt und zur Chaussee ausgebaut. Bereits im Mittelalter war es die mittlere der drei vom Georgentor ausgehenden Straßen in Richtung Nordosten. Die Umbenennung in „Vor dem Königs-Thore" 1859 erfolgte nach dem bereits 1809 benannten Königstor (siehe Hans-Beimler-Straße, ehem. Neue Königstraße). Aus den Vorschlägen zur Umbenennung der Straße im Jahre 1868 wie „Pommern-Straße", „Stargardter" oder „Greifswalder Straße" wurde der letztere ausgewählt und genehmigt.
Die Stadt Greifswald liegt ca. 4 km entfernt vom Greifswalder Bodden in einer Moorniederung am schiffbaren Ryck (BL Meck-

Ernst-Thälmann-Denkmal 1990, „Geschichtsbewältigung mit Farbbeuteln"

Neubauten in der Greifswalder Straße

Altbauten in der Greifswalder Straße

lenburg-Vorpommern) und hat 62 991 Einwohner (1983). Für das Jahr 1209 ist die Zisterzienserabtei Eldena nachgewiesen. G. erhielt 1250 Lübecker Stadtrecht und war im 13. Jahrhundert eine der führenden Hansestädte. Zwischen 1648 und 1815 unter schwedischer Herrschaft, kam G. nach dem Wiener Kongreß zu Preußen. Bedeutende Architekturdenkmäler sind spätgotische Backsteinbauten, Renaissancegiebelhäuser sowie die 1456 gegründete Universität; G. ist evangelischer Bischofssitz.

Grellstraße

Benennung: 1911
Lage: Ist der zwischen Greifswalder Straße und Prenzlauer Allee gelegene Abschnitt einer Ost-West-Straßenverbindung, die nahe der S-Bahnstrecke verläuft und von der Storkower Straße im Bezirk Lichtenberg bis zur Behmstraße im Bezirk Wedding reicht

Neben vereinzelter Bebauung aus dem ersten Jahrzehnt des 20. Jahrhunderts findet man in der Grellstraße vorwiegend Baukomplexe der zwanziger Jahre, u. a. die Wohnsiedlung zwischen Grellstraße und Rietzestraße/Naugarder Straße, 1927 nach Plänen von Bruno Taut für die GEHAG (Gemeinnützige Heimstätten Spar- und Baugesellschaft) errichtet.

August Eduard Grell
geb. 6. 11. 1800 in Berlin
gest. 10. 8. 1886 in Berlin
Komponist

G. schrieb vorwiegend kirchliche Gesänge und war als Kompositionslehrer an der Akademie der Künste in Berlin tätig. G. wirkte als Organist an der Nikolaikirche, als Hofdomorganist, Leiter des Domchors und Dirigent der Singakademie.

Gubitzstraße

Benennung: 1910
Lage: Verläuft von der Bahnlinie über Grellstraße und Ostseestraße hinweg bis zur Paul-Grasse-Straße

Zum Zeitpunkt der Benennung war die Straße kaum bebaut. Erst Ende der zwanziger Jahre wurde sie mit dem gesamten Viertel nördlich des Bahnkörpers als Wohnbereich erschlossen.

Friedrich Wilhelm Gubitz
geb. 27. 2. 1786 in Leipzig
gest. 5. 6. 1870 in Berlin
Graphiker, Schriftsteller

G. führte den Holzschnitt in Deutschland zu neuer Blüte; er arbeitete als Lehrer an der Akademie für Holzschneidekunst. G. wirkte als Theaterkritiker der „Vossischen Zeitung" und als Herausgeber der Zeitschrift „Der Gesellschafter" (1817 bis 1848) sowie des „Jahrbuches deutscher Bühnenspiele" (1832 bis 1866).

Gudvanger Straße

Erstbenennung: Lychener Straße – 1894
Umbenennung: Gudvanger Straße – 1938 (nordöstlicher Teil der Lychener Straße)
Lage: Führt von der Wichertstraße bis zur Wisbyer Straße

Vor 1938 war dieser Straßenzug zwischen Wichertstraße und Wisbyer Straße ein Teil der Lychener Straße. Die Wohnbebauung erfolgte im wesentlichen zwischen 1929 und 1931 durch die De Ge Wo (Deutsche Gesellschaft zur Förderung des Wohnungsbaus).
Die Stadt Gudvangen liegt an einem Seitenfjord des Sognefjordes im mittleren Teil des Königreiches Norwegen.

Hagenauer Straße

Benennung: 1890
Lage: Verläuft von der Dimitroffstraße (ehem. Danziger Straße) zur Sredzkistraße (ehem. Franseckystraße)
(Viertel Elsaß-Lothringen)

Hagenau (frz. Haguenau) ist Arrondissementshauptstadt im ostfranzösischen Departement Haut-Rhin im unteren Alsace (Elsaß) an der Moder. H. zählt 26 600 Einwohner (1982) und ist Wirtschaftsstandort vielfältiger Industrien.
H. entstand etwa um 1035, erhielt 1164 durch Kaiser Friedrich I. Barbarossa Stadtrecht (Herzogtum Lothringen) und wurde 1260 Freie Reichsstadt. H. war seit 1354 Mitglied im Zehnstädtebund (Dekapolis), einer Vereinigung elsässischer Reichsstädte, die zur Schlichtung innerer Streitigkeiten geschlossen wurde; u. a. gehörten auch Weißenburg, Kolmar und Mülhausen zum Bund. Im Westfälischen Frieden 1648 bekam Frankreich H. zugesprochen, es wurde aber bald wieder von Franzosen geräumt. Unter König Ludwig XIV. erobert, war H. ab 1697 endgültig Frankreich angegliedert. Mit dem Deutsch-Französischen Krieg kam es wieder zum Deutschen Reich, seit 1919, nach dem Ersten Weltkrieg, zu Frankreich.

Hanns-Eisler-Straße

Benennung: 1976
Lage: Verläuft von der Thomas-Mann-Straße zur Artur-Becker-Straße (ehem. Kniprodestraße)

Die Hanns-Eisler-Straße wurde 1975 im Neubaugebiet Greifswalder Straße angelegt.
Hanns Eisler
geb. 6. 7. 1898 in Leipzig
gest. 6. 9. 1962 in Berlin
Komponist

E. war von 1919 bis 1923 Schüler Arnold Schönbergs. Er komponierte insbesondere Lieder, Songs, Balladen und Chorwerke. In den zwanziger Jahren engagierte sich E. mit Kompositionen und Auftritten innerhalb der Arbeiterbewegung; er arbeitete u. a. mit E. Weinert, B. Brecht und E. Busch zusammen. E. schrieb viele Kompositionen für Bühne und Film. Er emigrierte 1933; nach seiner Rückkehr 1950 lebte E. in Berlin und wirkte als Professor an der Hochschule für Musik, deren künstlerisches Profil er mitprägte, sie trägt heute seinen Namen.

Hans-Beimler-Straße

Erstbenennung: Neue Königstraße – 1810
Umbenennung: Hans-Beimler-Straße – 1966
Lage: Ist stadteinwärts die Verlängerung der Greifswalder Straße und führt über die Mollstraße zum Alexanderplatz in den Bezirk Mitte

Diese Straße bildete die Verbindung von der Greifswalder Straße zum Stadtzentrum innerhalb der Stadtmauer. Nach der Zerstörung dieses Viertels im Zweiten Weltkrieg entstand hier ein Neubaugebiet (1967 bis 1972); Straßenverläufe wurden geändert oder entfielen. Die Hans-Beimler-Straße ist ungefähr identisch in ihrem Verlauf mit der ehemaligen Neuen Königstraße.

Hans Beimler
geb. 2. 7. 1895 in München
gest. 1. 12. 1936 bei Madrid
Schlosser, Antifaschist

B., KPD-Funktionär aus München, setzte sich für die Einheitsfront aller Hitlergegner in der Weimarer Republik ein. In diesem Sinne wirkte er als Abgeordneter des Bayrischen Landtages und als Reichstagsabgeordneter. 1933 verhaftet, wurde B. in das Konzentrationslager Dachau bei München verschleppt. Es gelang ihm zu fliehen, er emigrierte in die Tschechoslowakei, später nach Frankreich. 1936 beteiligte sich B. am Spanischen Bürgerkrieg, er fiel in den Kämpfen um Madrid.

Neue Königstraße

Die Namensgebung erfolgte 1810 zur Erinnerung an den Einzug Friedrich Wilhelms III. am 23.12.1809 durch das Bernauer Tor (dann Königstor genannt) nach dem Frieden zu Tilsit (9.7.1807). Zuvor hieß der Heerweg nach Bernau „Bernauer Straße".

Braunsberger Straße (hist. Aufnahme)

Hans-Otto-Straße

Erstbenennung: Braunsberger Straße – 1903
Umbenennung: Hans-Otto-Straße – 1974
Lage: Führt von der Straße Am Friedrichshain die Dimitroffstraße (ehem. Elbinger Straße) überquerend bis zur John-Schehr-Straße (ehem. Kurische Straße)

Hans Otto
geb. 10.8.1905 in Dresden
gest. 4.11.1933 in Berlin
Schauspieler, Antifaschist

O., Sohn eines Beamten, begann 1921 seine künstlerische Laufbahn. Nach erfolgreichen Engagements in Hamburg und Gera kam er 1929 nach Berlin und trat im Schauspielhaus auf. Zusammen mit Heinrich George, Werner Krauß und Elisabeth Bergner entwickelte er sich zu einem der großen Charakterdarsteller. Seit 1923 war O. Mitglied der KPD. Er unterstützte die Arbeit der Berliner Agitpropgruppen in den zwanziger Jahren. Im März 1933 vom Intendanten des Schauspielhauses vor die Wahl gestellt, sich zum NS-Regime zu bekennen oder das Theater zu verlassen, wählte O. den Widerstand. Am 14. November 1933 verhaftet und unmenschlich verhört, stürzten ihn SA-Leute aus dem Fenster der Kaserne in der Voßstraße. O. verstarb an den Folgen der schweren Verletzungen in einem Berliner Krankenhaus.

Braunsberger Straße
(Ostpreußenviertel)

Braunsberg (poln. Braniewo) mit 14000 Einwohnern (1984) liegt in der Republik Polen in der Wojewodschaft Allenstein (Olsztyn). B. wurde um 1255 neben der schon um 1240 angelegten Burg vom Deutschen Ritterorden gegründet und erhielt im Jahre 1284 Lübecker Stadtrecht. B. war Mitglied der Hanse. 1466 kam B. mit Verlust der Selbständigkeit des Ordensstaates unter polnische Lehnshoheit und fiel mit der ersten Teilung Polens 1772 an Preußen. Bis 1945 war B. Kreisstadt im ostpreußischen Regierungsbezirk Allenstein.

Heinrich-Roller-Straße

Erstbenennung: Heinersdorfer Straße – 1866
Umbenennung: Heinrich-Roller-Straße – 1925
Lage: Verläuft von der Prenzlauer Allee bis zur Greifswalder Straße, südlich begrenzt durch Nikolai- und Georgenfriedhof

Grabstein Heinrich Rollers

Heinrich Roller
geb. 10. 3. 1839
gest. 6. 9. 1916 in Berlin
Stenograf und Schriftsteller

R. verbesserte die Ahrendsche Kurzschrift und entwickelte ein eigenes Stenografiesystem. Er gründete ein Stenografisches Institut für Unterricht und Praxis in Berlin und bearbeitete seine Stenografie auch für fremde Sprachen. In den Jahren 1872 bis 1882 arbeitete R. auf der Journalistentribüne des Preußischen Landtages und des Deutschen Reichstages an den Parlamentsberichten. R. wohnte in der Müllerstraße 180 in Berlin N. und ist auf dem Friedhof der Freireligiösen Gemeinde in der Pappelallee (Bezirk Prenzlauer Berg) beigesetzt.

Heinersdorfer Straße
Das Straßendorf Heinersdorf, nördlich von Berlin gelegen, wurde 1319 erstmals erwähnt. Es ist heute Ortsteil vom Bezirk Pankow, wo es östlich der Prenzlauer Promenade liegt und an den Bezirk Weißensee grenzt.

Heinz-Bartsch-Straße

Erstbenennung: Schneidemühler Straße – 1905

Umbenennung: Heinz-Bartsch-Straße – 1974
Lage: Verläuft von der Dimitroffstraße (ehem. Elbinger Straße) zur Conrad-Blenkle-Straße (ehem. Thorner Straße)

Die Heinz-Bartsch-Straße liegt in einem Viertel, das Ende der zwanziger Jahre u. a. durch die GEHAG (Gemeinnützige Heimstätten Spar- und Baugesellschaft) bebaut wurde. Ein Großteil der Wohnanlagen sind nach Entwürfen von Bruno Taut entstanden.

Heinz Bartsch
geb. 13. 9. 1906 in Gelsenkirchen
gest. 11. 10. 1944 in Sachsenhausen
Walzwerker, Antifaschist

B. lebte bis 1933 in Hennigsdorf und arbeitete im dortigen Stahlwerk. Er engagierte sich als Mitglied der KPD für die Belange der Metallarbeiter. Seit 1933 wirkte er u. a. in den Bezirken Pankow, Wedding und Charlottenburg illegal für die Organisierung des Widerstandes. 1936 wurde B. verhaftet, nach Verbüßung seiner Zuchthausstrafe kam er 1939 in das Konzentrationslager Sachsenhausen. Als Lagerschreiber fälschte er Totenlisten, meldete noch Lebende als verstorben und verhinderte somit ihre Verschleppung in das Vernichtungslager Auschwitz. 1944 wurde B. mit 26 deutschen und französischen Antifaschisten wegen angeblicher Meuterei erschossen.

Schneidemühler Straße
(Westpreußenviertel)
Schneidemühl (poln. Piła) liegt in der Republik Polen und ist Hauptstadt der gleichnamigen Wojewodschaft (1982: 61 600 Einwohner). Die Stadt Sch. wurde 1318 gegründet, erhielt 1513 Magdeburger Stadtrecht und fiel mit der ersten Teilung Polens 1772 an Preußen. Nach dem Zweiten Weltkrieg 1945 kam Sch. zu Polen.

Heinz-Kapelle-Straße

Erstbenennung: Goldaper Straße – 1911
Umbenennung: Heinz-Kapelle-Straße – 1974
Lage: Führt von der Artur-Becker-Straße (ehem. Kniprodestraße) zur Hans-Otto-Straße (ehem. Braunsberger Straße)

Heinz Kapelle
geb. 17. 9. 1913 in Berlin
gest. 1. 7. 1941 in Berlin-Plötzensee
Buchdrucker, Antifaschist

K. wuchs in einer Neuköllner Arbeiterfamilie auf. Seit 1931 war er Mitglied im Kommunistischen Jugendverband Deutschlands (KJVD). Nach Errichtung der nationalsozialistischen Diktatur beteiligte sich K. an der Verbreitung der illegalen Zeitung „Neuköllner Sturmfahne". Im Frühjahr 1934 durch die Gestapo verhaftet, erhielt er zwei Jahre Gefängnis. K. arbeitete dann eine zeitlang in der Druckerei A. Zeh in der Schönhauser Allee 9 a. Vor 1938 war er Mitorganisator einer illegalen Gruppe von oppositionellen Berliner Jugendlichen unterschiedlicher Weltanschauung (u. a. im Prenzlauer Berg), die sich mit ihrer Arbeit (u. a. Druck und Verbreitung illegaler Schriften) insbesondere gegen die Kriegsvorbereitungen einsetzte. 1939 wurde K. erneut festgenommen, 1941 vom Volksgerichtshof zum Tode verurteilt und am 1. Juli 1944 in Berlin-Plötzensee erschossen.

Goldaper Straße
(Ostpreußenviertel)

Goldap (poln. Gołdap) liegt in der Republik Polen in der Wojewodschaft Białystok (1985: 11 300 Einwohner). G., im 16. Jahrhundert gegründet, war Kreisstadt im preußischen Regierungsbezirk Gumbinnen im ehemaligen Ostpreußen. Die Stadt wurde in beiden Weltkriegen stark zerstört.

Helmholtzplatz

Benennung: 1897
Lage: Umgeben von der Raumerstraße, Lettestraße, Lychener Straße und Dunckerstraße

1871/72 errichtete der Deutsch-Holländische-Aktien-Bauverein auf dem Gelände des Helmholtzplatzes und darüber hinaus eine Ziegelei zur Herstellung von Baumaterialien für die Bebauung des Viertels um den damaligen Wörther Platz. Nach der Sprengung des Gebäudes in den achtziger Jahren des 19. Jahrhunderts wurden auf den Schuttresten zwei Spielplätze angelegt (erhöhte Lage des Platzes gegenüber dem umliegenden Straßenviertel).

Hermann Ludwig Ferdinand von Helmholtz
geb. 31. 8. 1821 in Potsdam
gest. 8. 9. 1894 in Charlottenburg
Physiologe und Physiker

H. arbeitete an der genaueren Begründung des Gesetzes von der Erhaltung der Energie. Er führte Untersuchungen auf dem Gebiet der Optik durch (Farbenlehre) und entwickelte eine Lehre von den Tonempfindungen als physiologische Grundlage für die Theorie der Musik (1863). 1850 konstruierte er den Augenspiegel. H. war seit 1871 Professor für Physik an der Berliner Universität und Mitglied der Akademie der Wissenschaften; lange Jahre war er Vorsitzender der „Physikalischen Gesellschaft zu Berlin".

Helmut-Just-Straße

Erstbenennung: Behmstraße – 1894
Umbenennung: Helmut-Just-Straße – 1960
Lage: Führt von der Malmöer Straße in Verlängerung der Willi-Bredel-Straße (ehem. Schivelbeiner Straße) bis zur Behmstraßenbrücke (Verlängerung als

Behmstraße bis zur Badstraße im Bezirk Wedding)

Helmut Just
geb. 2. 7. 1933 in Berlin
gest. 30. 12. 1952 in Berlin
Polizist

1960 wurde der im Prenzlauer Berg gelegene Teil der Behmstraße nach J. benannt. Der Unterwachtmeister der Volkspolizei J. wurde bei der Ausübung seines Dienstes in der Behmstraße an der Sektorengrenze zum Bezirk Wedding erschossen. Über die Hintergründe des Mordes gibt es gegensätzliche Darstellungen.

Behmstraße
Heinrich Wilhelm Behm
geb. 1708
gest. 1780
Mediziner

Der Apotheker und Arzt B. ließ im Auftrage Friedrichs II. den Gesundbrunnen nach 1757 zu einer nutzbaren Heilquelle ausbauen. Im Jahre 1701 entdeckt, erhielt die Quelle (Bezirk Wedding) den Namen Luisenbad nach der Königin Luise von Preußen, der Gemahlin Friedrich Wilhelms III.

Hiddenseer Straße

Benennung: 1910
Lage: Führt von der Prenzlauer Allee bis zur Senefelderstraße

Die Hiddenseer Straße ist Teil eines kleinen Viertels westlich der Prenzlauer Allee, das nach Orten an der Ostsee benannt wurde. Die Insel Hiddensee liegt in der Ostsee, westlich von Rügen. Sie ist 18,6 qkm groß und hat 1 200 Einwohner (1981), Ortsteile sind die Fischerdörfer Vitte und Kloster (BL Mecklenburg-Vorpommern). Der ursprüngliche Name Hithins-ö bedeutet Hütteninsel. 1308 wurde sie durch Naturgewalten von Rügen getrennt.

Hosemannstraße

Benennung: 1910
Lage: Verläuft von der Grellstraße bis zur Bezirksgrenze nach Weißensee an der Paul-Grasse-Straße (Weiterführung bis zur Lehderstraße im Bezirk Weißensee)

Die Hosemannstraße war zum Zeitpunkt der Benennung nur bis zur Erich-Weinert-Straße (ehem. Carmen-Sylva-Straße) angelegt. Die bereits geplante Verlängerung bis zum Anschluß an die Roelckestraße (Bezirk Weißensee) wurde in den dreißiger Jahren ausgeführt.

Theodor Hosemann
geb. 24. 9. 1807 in Brandenburg
gest. 15. 10. 1875 in Berlin
Maler und Graphiker

H. wirkte seit 1860 als Professor an der Akademie der Künste in Berlin und seit 1866 als Lehrer an der Allgemeinen Zeichenschule. Bekannt wurde H. mit seinen Illustrationen der Werke E. T. A. Hoffmanns und A. Glaßbrenners sowie von Kinderbüchern. Eindrucksvolle Zeitzeugnisse sind seine Zeichnungen des Berliner Volkslebens und der Revolutionsereignisse von 1848.

Zeichnung von Th. Hosemann

Hufelandstraße

Benennung: 1904
Lage: Führt von der Greifswalder Straße bis zur Artur-Becker-Straße (ehem. Kniprodestraße)

Christoph Wilhelm Hufeland
geb. 12. 8. 1762 in Langensalza
gest. 25. 8. 1836 in Berlin
Mediziner
H. war seit 1792 als Professor für Medizin in Jena tätig. 1798 kam er als Leibarzt König Friedrich Wilhelms III. nach Berlin, wurde erster Arzt der Charité und 1800 Mitglied der Akademie der Wissenschaften. Nach Gründung der Berliner Universität übernahm H. 1810 den Lehrstuhl für spezielle Pathologie. Er förderte die Einführung und Verbreitung der Pockenschutzimpfung, setzte sich für Hygienegesetze und eine Schulgesundheitsfürsorge ein. Zu seinen Patienten zählten u. a. auch Goethe, Schiller, Herder und Wieland.

Humannplatz

Benennung: 1903
Lage: Umgeben von der Stahlheimer Straße, Wichertstraße, Erich-Weinert-Straße (ehem. Carmen-Sylva-Straße) und Gudvanger Straße (ehem. Lychener Straße)

Die Bebauung um den Humannplatz setzte im wesentlichen erst Ende der zwanziger Jahre ein.

Carl Humann
geb. 4. 1. 1839 in Steele/a. d. Ruhr
gest. 12. 4. 1896 in Smyrna
Ingenieur und Archäologe
H. leitete die Ausgrabungen von Pergamon und anderer Städte in Vorderasien. Der von H. nach Berlin gebrachte Altar wurde 1930 in dem eigens dafür errichteten Pergamon-Museum aufgestellt. Seit 1884 war er als Abteilungsdirektor der Berliner Museen mit dem Amtssitz in Smyrna tätig.

Husemannstraße

Erstbenennung: Hochmeisterstraße – 1877
Umbenennung: Husemannstraße – 1952
Lage: Führt von der Dimitroffstraße (ehem. Danziger Straße) zur Wörther Straße

Die Bebauung des Viertels um den Kollwitzplatz (ehem. Wörther Platz) erfolgte zwischen 1873 und 1875 durch den Deutsch-Holländischen Aktien-Bauverein in industrieller Vorfertigung in baugesellschaftseigenen Betrieben. Der südliche Straßenabschnitt der Husemannstraße wurde 1987 zur 750-Jahr-Feier Berlins als eine typische Berliner Straße der Jahrhundertwende rekonstruiert.

Walter Husemann
geb. 2. 12. 1909 in Ellerbek/b. Kiel
gest. 13. 5. 1943 in Berlin-Plötzensee
Werkzeugmacher, Antifaschist
H. trat während der Lehre in den Kommunistischen Jugendverband ein, wurde 1928 Mitglied der KPD und beteiligte sich nach 1933 an der illegalen Arbeit dieser Partei. 1936 verhaftete die Gestapo seinen Vater und ihn; es folgten 2 Jahre Haft in den Konzentrationslagern Sachsenhausen und Buchenwald. Nach seiner Entlassung setzte sich H. für den gemeinsamen Kampf aller Hitlergegner ein. Er arbeitete eng mit der Widerstandsgruppe unter Leitung von Harro Schulze-Boysen zusammen. 1942 erneut verhaftet, wurde H. vom Reichskriegsgericht zum Tode verurteilt.

Hochmeisterstraße
Hochmeister war der Titel des Oberhauptes des Deutschen Ordens, gegründet

Rekonstruierte Häuser in der Husemannstraße

1190, seit 1198 Ritterorden. Ihm unterstanden die Landmeister und Komture. Bis 1291 war der Sitz der H. in Akkon bzw. Cypern, bis 1309 in Venedig, dann bis 1457 auf der Marienburg und bis 1525 in Königsberg. Mit der Umwandlung des Ordensstaates in ein weltliches Herzogtum (1525) wurde der Titel H. in Hoch- und Deutschmeister geändert.

Ibsenstraße

Benennung: 1907
Lage: Führt von der Gotlandstraße bis zur Björnsonstraße (Nordisches Viertel)

Ursprünglich begann der Verlauf der Ibsenstraße an der Berliner Straße und Schönhauser Allee.

Henryk Ibsen
geb. 20. 3. 1828 in Skien (Norwegen)
gest. 23. 5. 1906 in Oslo
Schriftsteller und Dramatiker
I. war einer der namhaften norwegischen Dramatiker, sein Wirken von großer Bedeutung für die Weltliteratur. Nach seiner Tätigkeit als Theaterleiter in Bergen und Oslo lebte er zeitweise in Italien und Deutschland. Höhepunkte in seinem Schaffen sind u. a. die gesellschaftskritischen, realistischen Werke „Peer Gynt" (1867), „Stützen der Gesellschaft" (1877), „Nora oder ein Puppenheim" (1879).

Henrik Ibsen

Immanuelkirchstraße

Benennung: 1897
Lage: Verläuft von der Prenzlauer Allee bis zur Greifswalder Straße

Die Straße wurde nach der gleichnamigen Kirche benannt. Die Immanuelkirche wurde 1892 nach Plänen des Baurats B. Kühn auf einem Eckgrundstück (Prenzlauer Allee/Immanuelkirchstraße) des Grund- und Brauereibesitzers Julius Friedrich Bötzow, der dieses der Gemeinde schenkte, errichtet. Immanuel bedeutet „Gott mit uns".

Immanuelkirche in der Prenzlauer Allee

Isländische Straße

Benennung: 1907
Lage: Führt von der Malmöer Straße zur Norwegerstraße (Nordisches Viertel)

Die Republik Island nimmt die gleichnamige große Insel und ihre Nachbarinseln im Nordatlantik mit insgesamt 103 000 qkm ein und zählt 241 000 Einwohner (1986). Hauptstadt ist Reykjavik. Im 9./10. Jahrhundert wurde die Insel von Norwegen aus besiedelt und 1262 mit ihm vereinigt. Seit 1380 gehört es zum Königreich Dänemark und wurde bei weiterbestehender Personalunion mit Dänemark 1918 ein selbständiger Staat. Die endgültige Loslösung von Dänemark erfolgte 1944 mit der Erklärung Islands zur bürgerlichen Republik.

Jablonskistraße

Benennung: 1906
Lage: Führt von der Greifswalder Straße bis zur Prenzlauer Allee

Daniel Ernst Jablonski
geb. 26. 11. 1660 in Hochzeit/b. Danzig
gest. 25. 5. 1741 in Berlin
Theologe
J. war als Dom- und Hofprediger am Berliner Dom unter Friedrich Wilhelm I. tätig. Er regte die Errichtung der Berliner Sternwarte und die Einführung des gregorianischen Kalenders in Preußen an. J. war Mitbegründer der Akademie der Wissenschaften in Berlin und wurde 1733 ihr Präsident.

John-Schehr-Straße

Erstbenennung: Kurische Straße – 1911
Umbenennung: John-Schehr-Straße – 1974
Lage: Verläuft von der Greifswalder Straße zur Artur-Becker-Straße (ehem. Kniprodestraße)

John Schehr
geb. 9. 2. 1896 in Hamburg/Altona
gest. 1. 2. 1934 in Berlin
Schlosser, Antifaschist

Sch. wurde als Lehrling 1912 Mitglied der SPD. In den zwanziger Jahren arbeitete Sch. neben Thälmann in verschiedenen Funktionen der KPD in Norddeutschland, der er seit 1919 angehörte. 1932 wurde er Abgeordneter des Preußischen Landtages und des Reichstages. Seit Mai 1932 war Sch. Mitglied des Politbüros und des Sekretariats des Zentralkomitees der KPD. Nach 1933 übernahm Sch. entscheidende Aufgaben bei der Organisierung der illegalen Arbeit der KPD in Deutschland. Im November 1933 wurde er in Berlin verhaftet und im Februar 1934 im Geheimen Staatspolizeiamt in der Prinz-Albrecht-Straße erschossen.

Kurische Straße
(Ostpreußenviertel)
Benannt nach dem Kurischen Haff und der Kurischen Nehrung in Ostpreußen. Der ursprüngliche Name geht auf den kleinen Stamm der Kuren zurück. Das Kurische Haff ist ein großer Strandsee, 1620 qm groß, ca. 3 bis 5 Meter tief, von der Ostsee durch die Kurische Nehrung getrennt. Die Kurische Nehrung ist eine 98 km lange Landzunge mit hohen Wanderdünen. Das Gebiet gehört seit 1945 zur Sowjetunion und liegt im Oblast Kaliningrad (Königsberg).

Kanzowstraße

Benennung: 1911
Lage: Verläuft von der Prenzlauer Allee bis zur Dunckerstraße nördlich des Bahnhofs Prenzlauer Allee, parallel zur Bahnlinie

Thomas Kanzow
geb. um 1505 wahrsch. in Stralsund
gest. 25. 9. 1542 in Stettin
Historiker, Chronist
Nach seinem Studium an der Rostocker Universität (1525) war K. als Sekretär in der Kanzlei der pommerschen Herzöge in Wolgast tätig. Als Verfasser einer Niederdeutschen Chronik („Fragmenta der pomerischen geschichte") begründete er die Geschichtsschreibung in Pommern. Ursprünglich in niederdeutscher Mundart verfaßt, bearbeitete K. 1538 dieses Werk unter dem Einfluß Luthers; es entstand die „Hochdeutsche Chronik".

Kastanienallee

Benennung: Um 1826
Lage: Führt von der Schönhauser Allee bis zur Schwedter Straße (Fortsetzung bis zur Fehrbelliner Straße im Bezirk Mitte)

Die Kastanienallee ist eine der ältesten Straßen des Prenzlauer Berges. Sie wurde 1826 von Wilhelm Griebenow, Grundbesitzer in Berlin, angelegt und mit Bäumen bepflanzt. Ihren Namen erhielt die Straße nach den hier gepflanzten Kastanienbäumen. Vereinzelte Bauten stammen aus der Mitte des 19. Jahrhunderts.

Historisches Plakat für den „Berliner Prater" in der Kastanienallee"

Pratergarten um 1914

Käthe-Niederkirchner-Straße

Erstbenennung: Lippehner Straße – 1902
Umbenennung: Käthe-Niederkirchner-Straße – 1974
Lage: Verläuft von der Greifswalder Straße bis zur Straße Am Friedrichshain

Käthe Niederkirchner
geb. 7. 10. 1909 in Berlin
gest. 28. 9. 1944 in Ravensbrück
Schneiderin, Antifaschistin
N. wohnte im Bezirk Prenzlauer Berg in der Pappelallee 2. 1929 wurde sie Mitglied der KPD. Im Frühjahr 1933 emigrierte die Familie N. in die Sowjetunion. Nach dem Überfall Deutschlands auf die Sowjetunion 1941 meldete sie sich freiwillig zum Militärdienst; sie leistete Aufklärungsarbeit unter deutschen Kriegsgefangenen. Für einen Einsatz in Deutschland wurde sie im Oktober 1943 von einem sowjetischen Flugzeug über Polen abgesetzt; auf dem Weg nach Berlin erfolgte ihre Verhaftung. Nach mehreren Gefängnisaufenthalten wurde N. im Frauenkonzentrationslager Ravensbrück im Herbst 1944 erschossen.

Lippehner Straße
Die Stadt Lippehne (poln. Lipiany) liegt in der Republik Polen, in der Wojewodschaft Myślíbórz. Bis 1945 gehörte L. zum Kreis Soldin in der Neumark; aus der Zeit der mittelalterlichen Stadtgründung sind Teile

Käthe Niederkirchner

der Stadtmauer erhalten. 1335 wurde L. bereits als Stadt erwähnt. Von 1402 bis 1455 war L. im Besitz des Deutschen Ordens.

Lippehner Straße an der Bötzowstraße

Knaackstraße

Erstbenennung: Tresckowstraße – 1875
Umbenennung: Knaackstraße – 1952
Lage: Führt von der Dimitroffstraße (ehem. Danziger Straße) bis zur Prenzlauer Allee

Die Knaackstraße ist eine der vier Straßen, die eine Grünanlage mit den ehemaligen Wasserversorgungsanlagen, erbaut 1856 und 1875, umschließen. Im Jahre 1874 wurde die Straße vom Deutsch-Holländischen Aktien-Bauverein angelegt und mit den umliegenden Straßen durch industrielle Vorfertigung bebaut.

Ernst Knaack
geb. 4. 11. 1914 in Berlin
gest. 28. 8. 1944 in Brandenburg/Görden
Arbeiter, Antifaschist
K. wuchs in Berlin auf und wohnte in der Kastanienallee 16/17 im Bezirk Prenzlauer Berg. Er schloß sich 1928 dem Kommunistischen Jugendverband an. Nach Errichtung der NS-Diktatur half K. bei der Herstellung und Verbreitung illegaler Flugschriften; aufgrund seiner antifaschistischen Tätigkeit wurde er 1933 zu zwei Jahren Zuchthaus verurteilt. Während des Zweiten Weltkrieges beteiligte sich K. in der Gruppe um Robert Uhrig an der Organisierung einer breiten Widerstandsbewegung in Berlin. 1942 erneut festgenommen, im Konzentrationslager Sachsenhausen und im Zuchthaus Landsberg inhaftiert, wurde er im Zuchthaus Brandenburg/Görden hingerichtet.

Tresckowstraße
Hermann von Tresckow
geb. 1. 5. 1818 in Blankenfelde/Neumark
gest. 20. 4. 1900 in Wartenberg
Preußischer General
Nach seinem Eintritt in das Heer 1835 übte T. verschiedene militärische Funktionen aus; 1865 wurde er Generalmajor, Mitglied und später Chef des preußischen Militärkabinetts. T. war im Deutsch-Französischen Krieg 1870/71 General und Kommandeur in den Kämpfen bei Orléans und Le Mans.

Kollwitzplatz

Erstbenennung: Wörther Platz – 1875
Umbenennung: Kollwitzplatz – 1947
Lage: Umgeben von der Knaackstraße

Kollwitzdenkmal von Gustav Seitz

Kollwitzstraße

Erstbenennung: Weißenburger Straße – 1874
Umbenennung: Kollwitzstraße – 1947
Lage: Führt von der Schönhauser Allee/ Saarbrücker Straße zur Dimitroffstraße (ehem. Danziger Straße)

Die Bebauung der Kollwitzstraße in der Gegend um den Kollwitzplatz (ehem. Wörther Platz) erfolgte zwischen 1873 und 1875 durch den Deutsch-Holländischen Aktien-Bauverein in industrieller Vorfertigung in baugesellschaftseigenen Betrieben.

Siehe Kollwitzplatz

Käthe Kollwitz

(ehem. Tresckowstraße), der Kollwitzstraße (ehem. Weißenburger Straße) sowie der Wörther Straße

Käthe Kollwitz
geb. 8. 7. 1867 in Königsberg
gest. 22. 4. 1945 in Moritzburg/b. Dresden
Graphikerin und Bildhauerin
Nach ihrem Studium an der Berliner Zeichenschule für Damen (1885/86) und in München bei Ludwig Herterich lebte K. mit ihrem Mann, Dr. Karl Kollwitz (Armenarzt), in der Weißenburger Straße 25 im Bezirk Prenzlauer Berg. Sie war seit 1919 Mitglied der preußischen Akademie der Künste; 1928 übernahm K. die Leitung eines Meisterateliers für Graphik. 1933 mußte sie aus der Akademie ausscheiden und erhielt Vertriebsverbot für ihre Arbeiten. Wohnung und auch Atelier wurden 1943 durch Bomben zerstört, viele ihrer Werke vernichtet. K. lebte dann zunächst in Nordhausen und bis zu ihrem Tode in Moritzburg. In ihrem Werk widerspiegeln sich die soziale Not des Proletariats, Hunger, Arbeitslosigkeit; mit Plakaten und Lithographien griff sie unmittelbar in das Zeitgeschehen der zwanziger Jahre ein. Ein durchgängiges Thema war die Mutter-Kindbeziehung, die mütterliche Liebe.

Weißenburger Straße
(Viertel Elsaß-Lothringen)
Weißenburg (frz. Wissembourg) ist Arrondissementshauptstadt im ostfranzösischen Departement Bas-Rhin. W. hat 6 900 Einwohner (1975). Im Gebiet von W. wurde im 7. Jahrhundert eine Benediktinerabtei gegründet. 1247 wird die Stadt erstmals genannt, befreite sich 1305 von der Herrschaft des Abtes, gehörte dann zu den zehn Freien Reichsstädten im Elsaß im Römisch-deutschen Kaiserreich und war Mitglied im Zehnstädtebund (vgl. Hagenau). Nach der Eroberung durch den französischen König Ludwig XIV. kam W. 1697 zu Frankreich (Frieden zu Rijswijk). Im Deutsch-Französischen Krieg 1870/71 fand in W. das erste größere Gefecht statt (4. 8. 1870). Im Frieden von Frankfurt/M. 1871 fiel das Gebiet von Elsaß-Lothringen, damit auch W., an das Deutsche Reich. 1919, nach dem Ersten Weltkrieg, wurde Elsaß-Lothringen Frankreich zugesprochen (Versailler Vertrag).

Wörther Platz
Siehe Wörther Straße

Kolmarer Straße

Benennung: 1885
Lage: Führt von der Belforter Straße zur Knaackstraße (ehem. Tresckowstraße) (Viertel Elsaß-Lothringen)

Die Kolmarer Straße ist eine der vier Straßen, die eine Grünanlage mit den ehemaligen Wasserversorgungsanlagen, erbaut 1856 und 1875, umschließen.
Kolmar (frz. Colmar) ist Hauptstadt des Departements Haut-Rhin im oberen Alsace (Elsaß) in Frankreich und hat 62 500 Einwohner (1982). K. erhielt 1220 Stadtrecht und wurde 1226 Freie Reichsstadt im Römisch-deutschen Kaiserreich. Es war Mitglied im Zehnstädtebund (vgl. Hagenau). Während des 30jährigen Krieges wechselten die Besatzer – Schweden, Franzosen. Unter König Ludwig XIV. wurde K. 1673 wieder von Frankreich erobert und seit 1680 lt. Vertrag mit Frankreich vereint. Nach dem Deutsch-Französischen Krieg gehörte K. bis 1919 zu den deutschen Reichslanden Elsaß-Lothringen. Bekannt ist K. insbesondere durch die zahlreichen Kunstschätze in den Museen, u. a. durch den „Isenheimer Altar" von Grünewald sowie die Werke von M. Schongauer, der in K. geboren wurde und hier lebte.

Kopenhagener Straße

Benennung: 1899
Lage: Führt von der Schönhauser Allee bis zur Schwedter Straße parallel mit der Bahntrasse (Nordisches Viertel)

Kopenhagen, die Hauptstadt des Königreiches Dänemark, liegt an der Ostküste der Insel Seeland. Als dominierende Metropole beherbergt sie mit 1,3 Millionen Einwohnern (1981) ein Viertel der dänischen Bevölkerung und besitzt 40 % der Industrieerzeugung des Landes. Sie ist Regierungssitz, Universitätsstadt, Kultur- und Handelszentrum.

Kopenhagener Ecke Sonnenburger Straße

Korsörer Straße

Benennung: 1905
Lage: Führt von der Ystader Straße zur Schwedter Straße (Nordisches Viertel)

Korsør ist eine Hafenstadt des Königreiches Dänemark an der Westküste Seelands am Großen Belt mit 21 000 Einwohnern (1981). K. hat neben einigen Industrien einen wichtigen Fährhafen.

Krügerstraße

Benennung: 1913
Lage: Führt von der Prenzlauer Allee bis zur Erich-Weinert-Straße (ehem. Carmen-Sylva-Straße) am Humannplatz

Die Krügerstraße, bereits 1913 benannt, wurde erst zwischen 1926 und 1928 durch verschiedene Wohnungsbaugesellschaften erschlossen.

Selbstbildnis von F. Krüger um 1830

Franz Krüger
geb. 3. 9. 1797 in Großbadegast
gest. 21. 1. 1857 in Berlin
Maler und Graphiker (genannt Pferdekrüger)

K. studierte von 1812 bis 1814 an der Berliner Akademie, an der er später auch als Professor tätig war. 1825 wurde er preußischer Hofmaler. Seine Parade- und Stadtdarstellungen sind interessante Zeitzeugnisse des Berliner Biedermeier. K.s Bildwerke kennzeichnen ihn als einen präzisen Beobachter des bürgerlichen Lebens.

Kuglerstraße

Benennung: 1903/1913
Lage: Führt von der Schönhauser Allee bis zur Prenzlauer Allee (Schriftstellerviertel)

Die ursprüngliche Straßenführung der Kuglerstraße endete an der Stahlheimer Straße. 1913 erfolgte die Fortsetzung bis zur Greifswalder Straße. Im Zusammenhang mit der Errichtung der Wohnanlage „Carl Legien" durch die GEHAG (Gemeinnützige Heimstätten Spar- und Baugesellschaft) 1929/30, östlich der Prenzlauer Allee, entfiel der Straßenabschnitt zwischen Prenzlauer Allee und Greifswalder Straße.

Franz Theodor Kugler
geb. 19. 1. 1808 in Stettin
gest. 18. 3. 1858 in Stettin
Kunsthistoriker, Historiker und Dichter
K. wurde im Jahre 1835 Professor für Kunstgeschichte an der Berliner Akademie der Künste. Als Mitarbeiter im Preußischen

Blick in die Kuglerstraße

Kultusministerium setzte er sich für die Erneuerung und Förderung der Künste ein. Sein Hauptwerk „Handbuch der Kunstgeschichte" (1841/42) umfaßt die Entwicklungsetappen der Weltkunst. K.s „Geschichte Friedrichs des Großen" wurde von Adolph Menzel illustriert; K. ist auch Autor des bekannten Liedes „An der Saale hellem Strande".

Küselstraße

Erstbenennung: Silberschmidtweg – 1931
Umbenennung: Langemarckstraße – 1933
Küselstraße – 1952
Lage: Führt von der Sültstraße (ehem. Massinistraße/Flandernstraße) zur Gubitzstraße

Die Bebauung der Küselstraße erfolgte im wesentlichen um 1930 nach Plänen von Hermann Dernburg für die Wohnungsbaugesellschaft „Eintracht".

Erich Küsel
geb. 22. 4. 1903
gest. 11. 11. 1942 in Brandenburg/Görden
Antifaschist

K. war Mitglied und Funktionär der KPD. Zwischen 1933 und 1934 führte K. illegal Kurierdienste für die KPD in die Tschechoslowakei durch. 1934 verhaftet, war er bis zu seiner Hinrichtung im November 1942 im Zuchthaus Brandenburg/Görden inhaftiert.

Langemarckstraße
Langemarck ist eine Gemeinde in der Provinz Westflandern bei Ypern im Königreich Belgien mit 5 500 Einwohnern (1976). Der in der Nähe von Ypern gelegene Ort war im Ersten Weltkrieg insbesondere im Herbst 1914 und 1917 umkämpft. Unzureichend ausgebildete deutsche Freiwilligenregimenter wurden durch die Unfähigkeit der militärischen Führung im Sturmangriff (11. 11. 1914) sinnlos in den Tod geschickt.

Silberschmidtweg
Ernst Hermann Silberschmidt
geb. 9. 10. 1866 in Mühlbeck/Neumark
gest. 3. 12. 1927
Maurer, Gewerkschaftsführer
S. wurde 1887 Mitglied der SPD und war Mitbegründer des Zentralverbandes der Maurer Deutschlands. Seit 1893 leitete er den Maurerverband in der Provinz Brandenburg. S. wirkte nach 1898 als Gauvorsitzender des Deutschen Bauarbeiterverbandes. 1912 wurde er Mitglied der Generalkommission der Gewerkschaften Deutschlands; seit demselben Jahr war S. mehrfach als Abgeordneter im Reichstag tätig. 1919 wurde er als Mitglied des Allgemeinen Deutschen Gewerkschaftsbundes (ADGB) in die verfassunggebende Deutsche Nationalversammlung gewählt.

Leninallee

Erstbenennung: Landsberger Allee – 1875
Umbenennung: Leninallee – 1950
Lage: Führt von der Mollstraße/Friedenstraße (Bezirk Friedrichshain) bis nach Marzahn, zum Prenzlauer Berg gehört der Abschnitt von der Dimitroffstraße (ehem. Elbinger Straße) bis zur Oderbruchstraße

Die Landsberger Chaussee, der alte Heerweg nach Alt-Landsberg, erhielt 1875 zwischen der Friedenstraße am Landsberger Platz bis zur Oderbruchstraße die Bezeichnung Landsberger Allee. Die Verlängerung darüber hinaus nach Hohenschönhausen behielt weiterhin den Namen Landsberger Chaussee. Der Teil des alten Heerweges innerhalb der Stadtmauer, die Landsberger Straße zwischen Alexanderstraße und Friedenstraße, war bereits um 1685 bebaut.

Leninallee an der Storkower Straße

Wladimir Iljitsch Lenin (eigentlich Uljanow)
geb. 22. 4. 1870 in Simbirsk (seit 1924 Uljanowsk)
gest. 21. 1. 1924 in Gorki/b. Moskau
Russischer revolutionärer Politiker
L. war Revolutionär und Theoretiker der proletarischen Revolution in Rußland. 1903 wurde L. Führer der Bolschewiki, einer Strömung der Sozialdemokratischen Arbeiterpartei Rußlands (seit 1918 Kommunistische Partei Rußlands). Er bereitete theoretisch und praktisch den bewaffneten Aufstand der Bolschewiki im Oktober 1917 in Rußland vor. L. übernahm als Vorsitzender des Rates der Volkskommissare die Regierungsspitze und begründete, gestützt auf seine Partei, die Union der Sozialistischen Sowjetrepubliken (Dezember 1922).

Landsberger Allee
Die kleine Stadt Altlandsberg liegt östlich von Berlin im Kreis Strausberg (BL Brandenburg), sie zählt 3 000 Einwohner (1981). A., gegründet im 13. Jahrhundert, erhielt vor 1257 Brandenburger Stadtrecht. Im Jahre 1709 wurde die mittelalterliche Burg als Residenz für König Friedrich I. ausgebaut; Teile der Stadtmauer aus dem 14. Jahrhundert und drei Tore sind noch erhalten.

Vieh- und Schlachthof, Landsberger Allee

Lettestraße

Benennung: 1892
Lage: Verläuft von der Dunckerstraße bis zur Lychener Straße, nördlich am Helmholtzplatz entlang

Wilhelm Adolf Lette
geb. 10. 5. 1799 in Kienitz/Neumark
gest. 3. 12. 1868 in Berlin
Staatsbeamter
L. wirkte in verschiedenen Funktionen für die Förderung der preußischen Landwirtschaft. 1867 wurde er Abgeordneter des Norddeutschen Reichstages. Praktische soziale Arbeit leistete L. u. a. mit der Bildung des Berliner Handwerkervereins und des Zentralvereins für das Wohl der arbeitenden Klassen. Er begründete 1866 den „Verein zur Förderung der Erwerbsfähigkeit des weiblichen Geschlechts" in Berlin (ab 1872 „Lette-Verein") und förderte damit Ausbildung und Berufsvorbereitung von jungen Frauen an entsprechenden Lehranstalten.

Lewaldstraße

Benennung: 1913
Lage: Verläuft von der Kuglerstraße bis zur Wisbyer Straße (Schriftstellerviertel)

Fanny Lewald
geb. 24. 3. 1811 in Königsberg
gest. 5. 8. 1889 in Dresden
Schriftstellerin
L. schrieb eine Vielzahl von Romanen und Erzählungen sowie mehrere Bände Reiseberichte, Briefe und Erinnerungen. Sie setzte sich in vielen Werken für eine bessere Ausbildung und die berufliche Gleichstellung der Frauen, für eine Demokratisierung der Kunst, des politischen Lebens und für die Überwindung der Standesunterschiede ein. Es erschienen u. a. „Jenny" (1843) und „Stella" (1883). L. wirkte für die Gleichberechtigung ihrer jüdischen Mitbürger. Sie unterhielt in Berlin einen literarischen Salon.

Lindenhoekweg

Benennung: 1938
Lage: Führt von der Sültstraße (ehem. Massinistraße/Flandernstraße) zur Sodtkestraße (ehem. Jäckelstraße/Kemmelweg)

Lindenhoek ist ein kleiner Ort in Westflandern im Königreich Belgien. L. gehört zu den Orten, die im Ersten Weltkrieg Kriegsschauplatz waren.

Liselotte-Herrmann-Straße

Erstbenennung: Allensteiner Straße – 1905
Umbenennung: Liselotte-Herrmann-Straße – 1974
Lage: Verläuft von der Esmarchstraße zur Straße Am Friedrichshain

Liselotte Herrmann
geb. 23. 6. 1909 in Berlin
gest. 20. 6. 1938 in Berlin-Plötzensee
Antifaschistin
H. trat 17jährig in den Kommunistischen Jugendverband ein. Neben ihrem Chemie- und Biologiestudium in Stuttgart und Berlin war sie besonders unter der Studentenschaft auch politisch tätig. Im Frühjahr

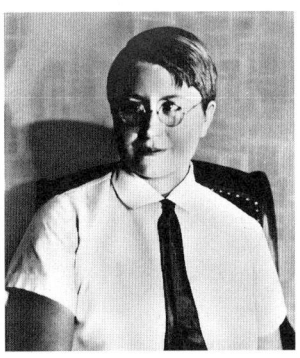

Liselotte Hermann

1933 beteiligte sich H. an der Unterzeichnung eines Aufrufes gegen faschistische Umtriebe an der Berliner Universität und gegen die drohende Kriegsgefahr. Sie wurde von der Universität verwiesen. Nach der Geburt des Sohnes siedelte sie 1934 nach Stuttgart zu ihren Eltern über. Hier setzte sie im süddeutschen Raum ihre Widerstandstätigkeit fort. Im Dezember 1935 verhaftete die Gestapo H.; im folgenden Prozeß wurde sie zum Tode verurteilt. Zum erstenmal erhielt eine Frau aufgrund ihrer antifaschistischen Haltung diese Höchststrafe. Nach einem Jahr Haft in der Todeszelle wurde H. im Sommer 1938 in Berlin-Plötzensee hingerichtet.

Allensteiner Straße
(Ostpreußenviertel)
Allenstein (poln. Olsztyn) ist Kreisstadt der gleichnamigen Wojewodschaft in der Republik Polen (1981: 127 000 Einwohner). A. war Hauptstadt des ehemaligen Regierungsbezirkes gleichen Namens in Ostpreußen, gelegen an der Alle. Im Jahre 1348 erstmals erwähnt, erhielt A. 1353 Stadtrecht und kam mit der Unterwerfung des Deutschen Ritterordens 1466 mit dem Ermland unter polnische Lehnshoheit. Nach der ersten Teilung Polens 1772 wurde A. preußisch, seit 1945 polnisch.

Lottumstraße

Benennung: 1860
Lage: Führt von der Schönhauser Allee bis zur Choriner Straße

Um 1860 war die Lottumstraße bereits teilweise mit einigen einstöckigen Häusern bebaut, jedoch noch ungepflastert. Bis 1875 gänzlich baulich erschlossen, gehörte die Lottumstraße zu den ersten dichtbesiedelten Straßen der Schönhauser Vorstadt.

Karl Friedrich Heinrich v. Wylich und Lottum
geb. 5. 11. 1767 in Berlin
gest. 14. 2. 1841 in Berlin
General und Minister
L. war Staats- und Schatzminister unter Friedrich Wilhelm III. und preußischer General der Infanterie. Die Familie Lottum, eine alte Adelsfamilie, war in der ersten Hälfte des 19. Jahrhunderts im Besitz verschiedener Grundstücke im Gebiet der späteren Straße.

Lychener Straße

Benennung: 1894
Lage: Führt von der Dimitroffstraße (ehem. Danziger Straße) bis zur Bahnlinie in nördlicher Richtung; ursprünglicher Verlauf bis zur Wisbyer Straße, 1938 verkürzt (siehe Gudvanger Straße)

Die Kleinstadt Lychen, gegründet 1248, liegt nordwestlich von Templin in der Uckermark, umgeben von Seen und Wäldern (BL Brandenburg), sie hat 3 600 Einwohner (1980).

Maiglöckchenstraße

Benennung: 1925
Lage: Verläuft zwischen Oderbruchstraße und Syringenweg (Blumenviertel)

Maiglöckchen, eine Blume, die in Laub- und Mischwäldern, meist in großen Mengen, vorkommt; sie wird auch in Gärten angepflanzt. Das M. gehört zur Familie der Liliengewächse, es wird auch als Heilpflanze genutzt.

Malmöer Straße

Benennung: 1904
Lage: Führt von der Bornholmer Straße

zur Dänenstraße bis an die Bahnlinie (Nordisches Viertel)

Malmö ist die Hauptstadt der gleichnamigen Provinz im Süden des Königreiches Schweden. M. ist die drittgrößte Stadt Schwedens (1986: 230 100 Einwohner) und einer der wichtigsten Wirtschaftsstandorte Skandinaviens. M. wurde 1150 gegründet, erhielt 1353 Stadtrecht und war bereits im Mittelalter wichtigste Handelsstadt am Öresund. 1658 kam M. zu Schweden (vorher Dänemark).

Mandelstraße

Benennung: 1913
Lage: Führt von der Schieritzstraße (ehem. Zeebrüggestraße) bis zur Weißenseer Bezirksgrenze

Der Straßenverlauf der Mandelstraße begann zum Zeitpunkt der Benennung an der Kuglerstraße, die noch bis zur Bebauung dieses Viertels Ende der zwanziger Jahre von der Schönhauser Allee über die Prenzlauer Allee bis zur Greifswalder Straße führte.

Eduard Mandel
geb. 15. 2. 1810 in Berlin
gest. 20. 10. 1882 in Berlin
Kupferstecher
M. war seit 1842 Professor und Lehrer an der mit der Akademie der Künste verbundenen Kupferstichschule, deren Leitung er im Jahre 1857 übernahm. Seine außergewöhnliche Begabung wurde durch König Friedrich Wilhelm III. besonders gefördert. M. entwickelte die Kupferstecherkunst wesentlich weiter. Seine Stiche sind von meisterhaftem Können.

Margarete-Walter-Straße

Erstbenennung: Bartensteiner Straße – 1911

Umbenennung: Margarete-Walter-Straße – 1974
Lage: Verläuft von der Anton-Saefkow-Straße (ehem. Gumbinner Straße) bis zur Bötzowstraße

Margarete Walter
geb. 22. 2. 1913 in Berlin
gest. 21. 10. 1935 in Berlin
Verkäuferin, Antifaschistin
W. schloß sich als fünfzehnjährige Handelsschülerin dem Kommunistischen Jugendverband (KJVD) an, war seit 1930 in der KPD. Delegiert durch das Zentralkomitee des KJVD, studierte sie an der Internationalen Lenin-Schule in Moskau. Nach ihrer Rückkehr arbeitete W. im Sekretariat der Unterbezirksleitung Berlin-Neukölln des KJVD; sie beschäftigte sich insbesondere mit der kommunistischen Kinderbewegung, den Roten Jungpionieren. Zu Beginn des Jahres 1933, nach der Machtübernahme der Nationalsozialisten, war sie kurzzeitig in Haft. W. arbeitete im „Kabelwerk Oberspree" und seit dem Frühjahr 1935 als Landhelferin dienstverpflichtet in Wahlendow, Kreis Anklam. Neben ihrer Arbeitstätigkeit engagierte sich W. politisch und setzte sich für soziale Belange ein. Im Oktober 1935 wurde sie verhaftet; im Geheimen Staatspolizeiamt in der Prinz-Albrecht-Straße nahm sich W. nach Mißhandlungen das Leben.

Bartensteiner Straße

(Ostpreußenviertel)
Bartenstein (poln. Bartoszyce) liegt in der Republik Polen in der Wojewodschaft Olsztyn (Allenstein), hat 21 600 Einwohner (1984). Die Stadt B. wurde 1241 vom Deutschen Ritterorden im sogenannten Bartenland, einem Gebiet der alten Preußen oder Pruzzen, angelegt. Seit 1466 kam B. unter polnische Lehnshoheit, seit 1525 in diesem Rahmen zum Herzogtum Preußen, seit 1657 zu Brandenburg-Preußen gehörig. In B. wurde am 26. 4. 1807 ein

preußisch-russischer Vertrag gegen Napoleon abgeschlossen (hatte durch den Frieden zu Tilsit am 9. 7. 1807 keine Bedeutung mehr). Nach dem Zweiten Weltkrieg wurde B. zusammen mit anderen Gebieten Ostpreußens polnisch.

Marienburger Straße

Benennung: 1884
Lage: Führt von der Greifswalder Straße zur Prenzlauer Allee

Die Marienburger Straße wurde vor ihrer Benennung als „Taraschwitz-Weg" bezeichnet, da sie von dem Kunsthändler Taraschwitz auf dessen Ländereien angelegt wurde. Die Namensgebung 1884 erfolgte nach der Pflasterung der Straße.
Marienburg (poln. Malbork) ist Kreisstadt in der Wojewodschaft Gdańsk am rechten Ufer der Nogat und hat 31 900 Einwohner (1975). Die Geschichte M.s ist eng mit dem Deutschen Ritterorden verbunden, dessen Hochmeistersitz im Jahre 1309 von Venedig hierher verlegt wurde. Die Ordensburg, erbaut im 13. Jahrhundert, ein mächtiger Backsteinbau mit Ringmauer erfüllte die Funktion als administratives und gottesdienstliches Zentrum des Deutschen Ordensstaates. Die gleichnamige Stadt erhielt 1276 Culmer Stadtrecht. Nach der Niederlage des Deutschen Ritterordens wurde Westpreußen und damit M. 1466 polnisch. Die Burg war in der folgenden Zeit Sitz der königlich-polnischen Behörden in Westpreußen. Mit der ersten Teilung Polens 1772 kam M. an Preußen, die Burg wurde Kaserne und später Kornmagazin (Restaurierung 1817 bis 1842 und 1882 bis 1921). Nach dem Zweiten Weltkrieg kam M. zu Polen; während des Krieges erlitten Stadt und Burg schwere Schäden (Wiederaufbau anhand alter Pläne).

Mendelssohnstraße

Erstbenennung: Mendelssohnstraße/Meyerbeerstraße – 1887
Umbenennung: Rombergstraße – 1938
Mendelssohnstraße – 1950
Lage: Führt von der Hans-Beimler-Straße (ehem. Neue Königstraße) im rechtwinkligen Knick zur Mollstraße

Ursprünglich hatte die Straße zwei Namen – Mendelssohnstraße zur Linienstraße führend und Meyerbeerstraße zur Neuen Königstraße führend. Beide Straßenteile wurden 1938 in Rombergstraße umbenannt. Nach der Umgestaltung und Neuanlage des Wohngebietes und der Innenstadt (1966 bis 1971) blieb der Verlauf der Straße größtenteils erhalten.

Felix Mendelssohn-Bartholdy
geb. 3. 2. 1809 in Hamburg
gest. 4. 11. 1847 in Leipzig
Komponist und Dirigent
M. erhielt eine umfassende humanistische und musikalische Bildung. Er schrieb Sinfonien, Konzerte, Kammer- und Klaviermusik, Lieder, Oratorien, Chorwerke und fand zu seinen Lebzeiten große Anerkennung als Dirigent, Komponist und Pianist. M. leitete seit 1835 die Gewandhauskonzerte in Leipzig und entwickelte diese Konzertvereinigung zu einem anerkannten Klangkörper.

Rettungsamt Marienburger Straße, 1936

Meyerbeerstraße
Giacomo Meyerbeer
(eigentlich Jakob Liebmann Beer)
geb. 5. 9. 1791 in Berlin
gest. 2. 5. 1864 in Paris
Komponist

M. war Generalmusikdirektor in Berlin (1842) und Opernkomponist. Bekannt wurde er u. a. mit den Werken „Die Hugenotten" und „Die Afrikanerin". M. liegt auf dem Jüdischen Friedhof in der Schönhauser Allee 22/23 (1827 angelegt) begraben.

Metzer Straße

Benennung: 1874
Lage: Führt von der Prenzlauer Allee bis zur Schönhauser Allee, am Senefelderplatz (Viertel Elsaß-Lothringen)

Die Metzer Straße ist eine der Straßen, die vom Aktienbauverein Königsstadt angelegt und bebaut wurden (1873).
Metz ist Hauptstadt des Departements Moselle in Lorraine (Lothringen), liegt an der Mündung der Salle in die Mosel in Frankreich und ist katholischer Bischofssitz (1975: 117 200 Einwohner). Die ursprünglich römische Niederlassung mit dem Namen Mediomatrikum (später Mettis) wurde 511 Hauptstadt des fränkischen Austrasiens und kam 870 an das Ostfränkische Reich. Bereits in der Karolingerzeit wirtschaftlich und kulturell bedeutend, löste es sich im 12. Jahrhundert allmählich aus bischöflicher Abhängigkeit und wurde im 13. Jahrhundert Freie Reichsstadt. 1552 von französischen Truppen besetzt, wird diese Eroberung 1648 im Westfälischen Frieden für Frankreich bestätigt. Im Deutsch-Französischen Krieg (1870/71) wurde in M. die französische Rheinarmee von preußisch-deutschen Truppen eingeschlossen und zur Kapitulation gezwungen (27. 10. 1870). Nach dem Krieg war M. bis 1918 Hauptstadt des Bezirkes Lothringen im Reichsland Elsaß-Lothringen und wurde durch den Versailler Vertrag (1919) wieder französisch. Während des Zweiten

Metzer Straße Ecke Schönhauser Allee

Weltkrieges zwischen 1940 und 1944 war die Stadt M. von Deutschen besetzt.

Meyerheimstraße

Benennung: 1910
Lage: Führt von der Zelterstraße bis zur Kuglerstraße

Eduard Friedrich Meyerheim
geb. 7. 1. 1808 in Danzig
gest. 18. 1. 1879 in Berlin
Maler und Graphiker
M. beschäftigte sich insbesondere in seinen Bildwerken mit Darstellungen des Volkslebens in liebevoller Kleinmalerei. Gemeinsam mit J. H. Strack gab er im Jahre 1833 die „Architektonischen Denkmäler der Altmark Brandenburg" heraus. M. war Professor und Mitglied der Akademie in Berlin. Die Familie M. war eine bekannte Berliner Malerfamilie.

Michelangelostraße

Benennung: 1964
Lage: Verläuft von der Greifswalder Straße bis zur Artur-Becker-Straße (ehem. Kniprodestraße)

Die neu angelegte Straße erhielt zum 400. Todestag von Michelangelo (eigentlich Michelangelo Buonarotti) am 18. 2. 1964 seinen Namen.

Michelangelo
geb. 6. 3. 1475 in Caprese
gest. 18. 2. 1564 in Rom
Italienischer Bildhauer, Maler, Baumeister und Dichter
M. war einer der bedeutendsten Künstler der Renaissance; er übte bleibenden Einfluß auf die spätere Kunstentwicklung aus. M. war vorrangig Bildhauer, auch seine Gestalten in der Malerei sind außerordentlich plastisch nachempfunden. Zu seinen bekannten Werken zählen u. a.: die Ausgestaltung der Sixtinischen Kapelle in Rom mit dem Deckenfresko (1508/12) und Wandfresko (1534), das Treppenhaus der Bibliotheca Laurenziana in Florenz, die Kuppel von St. Peter in Rom. M. arbeitete hauptsächlich in Florenz im Auftrag der Medici und in Rom im Dienste der Päpste.

Milastraße

Benennung: 1905
Lage: Führt von der Schönhauser Allee bis zur Cantianstraße

Guillaume (Wilhelm) Mila
geb. 7. 1. 1764 in Berlin
gest. 19. 9. 1833 in Berlin
Theologe
M. war Prediger an der französischen Gemeinde in Köpenick und als Justizrat im Büro des Justizministeriums beschäftigt. Neben seiner Lehrtätigkeit (Französische Sprache) am Friedrich-Werderschen-Gymnasium in Berlin veröffentlichte er Lehrbücher für die französische Sprache, Literatur und Geschichte. M. betrieb intensive Forschungen zur Berliner Geschichte.

Milastraße, ehem. Groterjanbrauerei

Mollstraße

Benennung: 1969
Lage: Führt vom Leninplatz in Verlängerung der Leninallee (ehem. Landsberger Straße) bis zur Prenzlauer Allee; nur ein Teil der Straße liegt im Prenzlauer Berg zwischen Hans-Beimler-Straße (ehem. Neue Königstraße) und Prenzlauer Allee (Bezirksgrenze zu Mitte)

Mit der Neugestaltung der Ostberliner Innenstadt um den Alexanderplatz (1966 bis 1971) entstanden umliegende Wohngebiete, alte Straßenzüge wurden verändert. Einen ähnlichen Verlauf wie die Mollstraße hatte die Jostystraße (zwischen Prenzlauer Straße und Neue Königstraße), benannt nach Daniel Josty, dem Begründer der Jostybrauerei in Berlin.

Joseph Moll
geb. 14. 10. 1813 in Köln
gest. 28. 6. 1849 in Baden
Uhrmacher

M. engagierte sich für die Entwicklung der Arbeiterbewegung als Mitbegründer des Bundes der Gerechten 1836 und später als leitendes Mitglied des Bundes der Kommunisten. 1840 gründete er den Deutschen Arbeiterbildungsverein. M. arbeitete mit Marx und Engels zusammen, war mit ihnen befreundet. Seit 1848 wirkte er im Kölner Arbeiterverein. Im Mai 1849 schloß sich M. dem badisch-pfälzischen Aufstand an und wurde im Gefecht an der Murg tödlich verwundet.

Mülhauser Straße
(fälschlicherweise: Mühlhauser Straße)

Benennung: 1885
Lage: Führt von der Prenzlauer Allee zur Kolmarer Straße (Viertel Elsaß-Lothringen)

Die ursprüngliche Schreibweise Mülhausener Straße wurde 1929 in Mülhauser Straße geändert.
Mülhausen (frz. Mulhouse) ist Arrondissementshauptstadt im Departement Haut-Rhin in Frankreich. M. ist die zweitgrößte

Schule Mülhauser Straße Ecke Prenzlauer Allee

Stadt des Alsace (Elsaß) und hat 113 800 Einwohner (1982). Schon im 8. Jahrhundert erwähnt, war M. eine Stadtgründung der Staufer, wurde 1261 Freie Reichsstadt (Römisch-deutsches Kaiserreich). Es war Mitglied im Zehnstädtebund (vgl. Hagenau). Seit 1515 gehörte die Stadt zur Schweizer Eidgenossenschaft und seit 1798 zu Frankreich. Nach dem Deutsch-Französischen Krieg war M. von 1871 bis 1918 Teil der Reichslande Elsaß-Lothringen und ist seit 1919 wieder französisch.

Naugarder Straße

Benennung: 1910
Lage: Führt von der Greifswalder Straße zur Hosemannstraße

Naugard (poln. Nowogard) liegt in der Wojewodschaft Szczecin in der Republik Polen (1979: 11 000 Einwohner). N. war Kreisstadt im ehemaligen Pommern, es wurde nach dem Zweiten Weltkrieg polnisch.

Blick in die Naugarder Straße

Nordkapstraße

Benennung: 1907
Lage: Führt von der Bornholmer Straße zur Ibsenstraße (Nordisches Viertel)

Als Nordkap wird das 307 m ü. M. gelegene Vorgebirge der nordnorwegischen Insel Magerøy bezeichnet (71° 11'' nördl. Breite). Es liegt nördlicher als Kap Nordkyn auf dem Festland. Den nördlichsten Punkt Europas bildet die Landzunge Knivskjelod auf Magerøy, die noch 1,5 km nördlicher liegt.

Norwegerstraße

Benennung: 1907
Lage: Führt von der Bornholmer Straße entlang der Bahnlinie zur Helmut-Just-Straße (ehem. Behmstraße)
(Nordisches Viertel)

Ursprünglich führte die Norwegerstraße südlich über die Behmstraße hinaus bis an den Bogen der Bahnlinie heran in den Zug

der Dänenstraße. Mit der Erweiterung des Betriebsgeländes der Stadtreinigung nach dem Zweiten Weltkrieg und der Errichtung der Sektorengrenze endete die Straße an der Behmbrücke.
Die Straße trägt den Namen der Bevölkerung des Königreiches Norwegen. N. nimmt den westlichen Teil der Halbinsel Skandinavien ein; es umfaßt 324 219 qkm und hat 4,187 Millionen Einwohner (1987). N. ist weitgehendst vom Skandinavischen Gebirge bedeckt; die Küste ist von tiefeingeschnittenen Fjorden, Inseln und Schären gekennzeichnet. Die Hauptstadt ist Oslo.

Ochtumweg

Benennung: 1936
Lage: Verläuft zwischen dem Steengravenweg und dem Süderbrokweg

Der Ochtumweg liegt in einem Viertel von Ein- und Zweifamilienhäusern unterhalb des Volksparkes Prenzlauer Berg.
Die Ochtum (oder auch Ochte) ist ein Nebenfluß der Weser, liegt im Gebiet des Stedinger Landes; spielte eine Rolle in den Kämpfen der Stedinger Bauern in der ersten Hälfte des 13. Jahrhunderts (vgl. Stedinger Weg).

Oderberger Straße

Benennung: 1873
Lage: Führt von der Schönhauser Allee bis zur Eberswalder Straße (Uckermärkisches Viertel)

Die Oderberger Straße wurde im Jahre 1871 durch das Grundstück der Lorbergschen Baumschulgärtnerei gelegt und somit für die Bebauung erschlossen.
Oderberg liegt am Rande des Oderbruchs im Landkreis Eberswalde an der Alten Oder (BL Brandenburg). O. wuchs aus dem wendischen Dorf Barsdyn, einer um

Stadtbad Oderberger Straße

1214 unter Markgraf Albrecht II. errichteten askanischen Burg und aus einer in deren Schutz gegründeten Siedlung. 1259 ist O. schon als Stadt genannt.

Oderbruchstraße

Benennung: 1911
Lage: Führt von der Leninallee (ehem. Landsberger Allee) bis zur Maiglöckchenstraße, geht in die Hohenschönhauser Straße über

Die Oderbruchstraße war zur Zeit der Benennung noch unbebaut.
Das Oderbruch liegt zwischen Lebus und Oderberg, im wesentlichen links der Oder (nur kleine Teile rechts der Oder, heute in der Republik Polen), es umfaßt ca. 640 qkm, ist 60 km lang und 10 bis 12 km breit. Es ist ein fruchtbares Ackergebiet; Zuckerrüben, Weizen, Gerste und Gemüse werden angebaut (vorwiegend Versorgungsgebiet für Berlin). Unter König Friedrich II. von Preußen erfolgte nach dem Plan des Kriegs- und Domänenrats Simon Leonhard von Haerlem die Trockenlegung

des Niederoderbruchs von 1747 bis 1753. Die Oder erhielt ein neues Bett, es entstand die „Neue Oder"; bessere Dämme und Abzugsgräben wurden angelegt. Siedler, auch außerhalb Preußens, wurden angeworben, die ihr Land als Erbbesitz erhielten; neue Dörfer entstanden.

Oleanderstraße

Benennung: 1925
Lage: Verläuft von der Oderbruchstraße zum Syringenweg (Blumenviertel)

Oleander ist ein im Mittelmeerraum beheimateter Strauch, bei uns eine Zierpflanze mit schmalen, immergrünen Blättern und rosenähnlichen Blüten.

Blick durch den Torbogen in die Olga-Benario-Prestes-Straße

Olga-Benario-Prestes-Straße

Erstbenennung: Neukuhrer Straße – 1939
Umbenennung: Olga-Benario-Prestes-Straße – 1974
Lage: Führt von der Greifswalder Straße bis zur Eugen-Schönhaar-Straße (ehem. Wehlauer Straße)

Die Olga-Benario-Prestes-Straße wurde erst im Zuge der baulichen Erschließung dieses Viertels in der zweiten Hälfte der dreißiger Jahre angelegt; durch die Gemeinnützige Siedlungs- und Wohnungsbaugesellschaft entstand eine Wohnanlage mit 1800 Wohnungen, fertiggestellt 1939.

Olga-Benario-Prestes
geb. 12. 2. 1908 in München
gest. Frühjahr 1942 in Bernburg
Verkäuferin, Antifaschistin

B.-P. wuchs in einem sozialdemokratischen Elternhaus auf. Mit 15 Jahren trat sie der Kommunistischen Jugend Deutschlands bei, übersiedelte 1925 nach Berlin und beteiligte sich als Mitglied der Bezirksleitung Berlin-Brandenburg des KJVD an politischer Arbeit. 1935 ging B.-P. mit ihrem Mann, dem brasilianischen Arbeiterführer Carlos Prestes von der Sowjetunion aus nach Brasilien, beide wurden hier 1936 verhaftet und B.-P. an Deutschland ausgeliefert. Nach der Geburt ihrer Tochter im Berliner Frauengefängnis im November 1936 kam B.-P. in das Konzentrationslager Ravensbrück. Das Kind konnte durch Unterstützung des Auslandes der Großmutter in Brasilien übergeben werden. 1942 wurde B.-P. in den Gaskammern von Bernburg ermordet.

Neukuhrer Straße
(Ostpreußenviertel)

Neukuhren (russ. Pionerskij), ein Fischerdorf und Ostseebad im ehemaligen Ostpreußen an der steilen Nordküste des Samlandes, liegt heute im Gebiet Kaliningrad in der Sowjetunion.

Ostseeplatz

Benennung: 1913
Lage: Umgeben von der Hosemannstraße, der Mandelstraße und beidseitig von der Ostseestraße (Nordisches Viertel)

Die Ostsee, auch Baltisches Meer genannt, ist ein flaches, buchten- und inselreiches Binnenmeer. Ihre größte Tiefe beträgt 459 Meter, die durchschnittliche Tiefe 70 Meter. Verbindung zur Nordsee und somit zu den Weltmeeren besteht durch den Öresund, den Großen und Kleinen Belt sowie den Nord-Ostsee-Kanal. Die Anliegerstaaten der O. sind Dänemark, Bundesrepublik Deutschland, Polen, Sowjetunion, Finnland und Schweden.

Ostseestraße

Benennung: 1913
Lage: Führt von der Greifswalder Straße bis zur Prenzlauer Allee (Nordisches Viertel)

Die Ostseestraße ist Teil der äußeren Ringstraße des Bebauungsplanes von 1862. Zum Zeitpunkt der Benennung der Straße war sie noch unbebaut, erst in den fünfziger und sechziger Jahren dieses Jahrhunderts entstanden hier Wohnviertel.

Siehe Ostseeplatz

Wohnviertel an der Ostseestraße

Pappelallee

Benennung: Um 1860
Lage: Führt von der Dimitroffstraße (ehem. Danziger Straße)/Schönhauser Allee bis zur Bahnlinie, wird durch die Stahlheimer Straße fortgesetzt

Um 1826 wurde durch Wilhelm Griebenow, Grundbesitzer in Berlin, die Pappelallee in Verlängerung der Kastanienallee angelegt und für die spätere Bebauung erschlossen. Bis 1860 war sie noch ein Feldweg. Der Name entstand im Volksmund und wurde von der Stadt übernommen; hier haben jedoch nie Pappeln gestanden. Der Wunsch der Anwohner im Jahre 1860, die Straße „Heinrichstraße" zu benennen, wurde abgewiesen.

Medaillons mit Wäscherinnen am Fabrikgebäude in der Pappelallee 78/79

Ehem. Wäschefabrik in der Pappelallee 78/79

Pasteurstraße

Benennung: 1904
Lage: Verläuft von der Greifswalder Straße bis zur Artur-Becker-Straße (ehem. Kniprodestraße)

Louis Pasteur
geb. 27. 12. 1822 in Dôle
gest. 28. 9. 1895 in Villeneuve l'Étang (Paris)
Französischer Chemiker und Physiologe
P. schuf die Grundlagen der heutigen Bakteriologie und Sterilisierungstechnik. Er beschäftigte sich mit Schutzimpfungen mit abgeschwächten Bakterien bzw. Viren; P. führte die Milzbrand- und Tollwutschutzimpfung ein. Pasteurisieren ist ein nach P. angegebenes Verfahren, gärungsbedrohte Getränke (Bier, Milch, Wein) durch Erhitzen beschränkte Zeit haltbar zu machen.

Paul-Grasse-Straße

Benennung: 1953
Lage: Führt von der Goethestraße zur Hosemannstraße

Die Paul-Grasse-Straße entstand erst im Zuge ihrer Bebauung in den fünfziger Jahren des 20. Jahrhunderts. Zuvor befand sich dort eine Laubenkolonie.

Paul Grasse
geb. 23. 12. 1883 in Dahme
gest. im Januar 1946
Dreher, Antifaschist
G., Mitglied der KPD, ging 1933 in die Emigration nach Frankreich. Hier war er am Aufbau einer illegalen Leitung der KPD in Frankreich beteiligt, mit dem Ziel, alle deutschen Antifaschisten zu erfassen und zur französischen Widerstandsbewegung Kontakte herzustellen. Ende 1943 wurde

eine größere Gruppe deutscher Antifaschisten in Frankreich festgenommen, darunter G. Bis 1945 war er im Konzentrationslager Buchenwald inhaftiert; G. verstarb an den Folgen der Haft im Januar 1946.

Paul-Heyse-Straße

Benennung: 1905
Lage: Führt von der Dimitroffstraße (ehem. Elbinger Straße) über die Fritz-Riedel-Straße (ehem. Deutsch-Kroner-Straße) hinaus bis an die Bahnlinie heran, ursprünglich endete sie an der Conrad-Blenkle-Straße (ehem. Thorner Straße)

Die Bauten in der Paul-Heyse-Straße entstanden größtenteils um 1926/27 nach Entwürfen von Bruno Taut, errichtet durch die GEHAG (Gemeinnützige Heimstätten Spar- und Baugesellschaft). Die Straße wurde zum 75. Geburtstag Heyses benannt.

Paul Heyse
geb. 15. 3. 1830 in Berlin
gest. 2. 4. 1914 in München
Dichter, Novellist
H. war Romanschriftsteller und Lyriker mit umfangreicher literarischer Produktion. Literaturgeschichtlich bedeutsam sind seine Leistungen als Novellist (z. B. „L Arrabiata", 1855) sowie seine Übersetzungen von romanischer Literatur („Spanisches Liederbuch"). H. genoß zeitlebens große Anerkennung, er erhielt 1910 den Nobelpreis. Seine literarischen Werke entsprachen dem Geschmack seiner Zeit.

Paul-Robeson-Straße

Erstbenennung: Stolpische Straße
– 1902
Umbenennung: Paul-Robeson-Straße
– 1978

Umbenennung 1978

Lage: Führt von der Schönhauser Allee bis zur Malmöer Straße

Paul Robeson
geb. 9. 4. 1898 in Princeton
gest. 23. 1. 1976 in Philadelphia
US-amerikanischer Sänger
R. war seit 1921 Schauspieler und trat 1925 erstmals als Sänger mit Negro-Spirituals auf. 1926 machte er seine erste große Konzertreise durch Nordamerika und trat anschließend mit großem Erfolg auch in Europa auf. Seit 1929 lebte und arbeitete R. einige Jahre in London, er sang 1936/37 vor den Internationalen Brigaden im Spanischen Bürgerkrieg. Mit seinem Gesang setzte er sich für Frieden, Freiheit und gegen Rassismus ein. Auf seinen Europatourneen nach 1958 trat er 1960 auch in Berlin auf.

Stolpische Straße
Stolp (poln. Słupsk) liegt in der Republik Polen und ist Hauptstadt der gleichnamigen Wojewodschaft (1977: 82 400 Einwohner). S., Kreisstadt im ehemaligen Regierungsbezirk Köslin in Pommern, wurde

um 1269 gegründet und erhielt 1308 Lübecker Stadtrecht. S. war Mitglied der Hanse, gehörte zum Herzogtum Pommern und kam 1648 (Westfälischer Frieden) zu Brandenburg-Preußen. Nach dem Zweiten Weltkrieg wurde S. polnisch.

Pieskower Weg

Benennung: 1934
Lage: Führt von der Storkower Straße in das Neubaugebiet an der Greifswalder Straße

Ursprünglich war der Pieskower Weg parallel zur Greifswalder Straße bis etwa in Höhe der Michelangelostraße angelegt und führte an dem Laubengelände nördlich der Bahnlinie entlang. Mit Errichtung des Neubaugebietes an der Greifswalder Straße (1974 bis 1978) änderte sich der Verlauf des Pieskower Weges.
Pieskow ist ein kleiner Ort im Landkreis Fürstenwalde (BL Brandenburg) am Ostufer des Scharmützelsees gelegen, heute zugehörig zu Bad Saarow-Pieskow mit 4000 Einwohnern (1988). Um die Jahrhundertwende entdeckte man in Saarow Moor und nahm 1914 den Badebetrieb auf. Das Nordufer des Sees zwischen Pieskow und Saarow wurde für den Bau von Villen (um 1900) erschlossen.

Prenzlauer Allee

Erstbenennung: Heinersdorfer Weg – vor 1788
Umbenennung: Prenzlauer Chaussee – 1788
Prenzlauer Allee – 1878
Lage: Eine der großen Magistralen, verläuft in nördlicher Richtung durch den Bezirk von der Wilhelm-Pieck-Straße (ehem. Lothringer Straße) zur Wisbyer Straße und Ostseestraße

Die Prenzlauer Allee war eine Heer- und Handelsstraße in Richtung Heinersdorf, Prenzlau, Oderberg und Stettin, beginnend am Prenzlauer Tor. 1838 wurde sie mit kleinen Steinen gepflastert. Ursprünglich zählte der Teil der Prenzlauer Allee zwischen Mollstraße und Prenzlauer Berg (Friedhof der Nikolai- und Mariengemeinde) noch zur ehemaligen Prenzlauer Straße Nr. 61/62.
Prenzlau ist der Hauptort der Uckermark im BL Mecklenburg-Vorpommern mit 23 702 Einwohnern (1983) und liegt an der Ücker. 1187 als Burg und Marktflecken erstmals erwähnt, wurde P. 1234 als deutsche Stadt am Ort einer früheren slawischen Siedlung von Herzog Barnim I. von Pommern gegründet und kam 1250 an Brandenburg. 1368 wird P. als Mitglied der Hanse genannt. Teile der mittelalterlichen Befestigungen, Kirchen und Kloster blieben erhalten. Im Zweiten Weltkrieg wurde die Stadt stark zerstört, vieles inzwischen wiederaufgebaut.

Prenzlauer Berg

Erstbenennung: Friedenstraße – 1872
Umbenennung: Prenzlauer Berg – 1913
Lage: Führt von der Prenzlauer Allee bis zur Greifswalder Straße und Hans-Beimler-Straße (ehem. Neue Königstraße)

Der Prenzlauer Berg war ursprünglich ein Verbindungsweg, genannt Kommunikationsweg, der entlang der Stadtmauer führte und mit ihrer Errichtung um 1716 (Palisadenzaun) entstand. Nach 1814 verband der Weg auch die beiden Friedhöfe der Nikolai- und Mariengemeinde und der Georgen-Parochialgemeinde.

Siehe Prenzlauer Allee

Friedenstraße
Anlaß für die Benennung der Straße war der Frieden von Frankfurt/M. am 10. 5.

S-Bahnhof Prenzlauer Allee

Kreuzung Prenzlauer Allee/Dimitroffstraße

Planetarium Prenzlauer Allee

1871, der den Deutsch-Französischen Krieg beendete.

Preußstraße

Erstbenennung: Segitzstraße – 1931
Umbenennung: Bixschootestraße – 1933
Preußstraße – 1952
Lage: Kleine Nebenstraße der Grellstraße zwischen den Parallelen Gubitzstraße und Hosemannstraße

Heinrich Preuß
geb. 23. 5. 1886 in Mauenfelde (Ostpreußen)
gest. 28. 8. 1944 in Brandenburg/Görden
Bäcker, Antifaschist

P. wurde während seiner Lehrzeit Mitglied der SPD. 1919 schloß er sich der KPD an. P., wohnhaft im Bezirk Prenzlauer Berg in der Stargarder Straße 13, übernahm in den zwanziger Jahren leitende Funktionen in der Gewerkschaft der Nahrungs- und Genußmittelarbeiter. Aufgrund seiner illegalen gewerkschaftlichen Tätigkeit nach 1933 wurde P. 1935 verhaftet und zu vier Jahren Zuchthaus verurteilt. Nach seiner Haftentlassung arbeitete P. im Widerstandskreis um Robert Uhrig, er nahm Kontakt zu antifaschistisch orientierten Arbeitern und Angestellten in Berliner Großbetrieben auf. 1942 erneut verhaftet, wurde P. im folgenden Gerichtsprozeß zum Tode verurteilt und im Zuchthaus Brandenburg/Görden hingerichtet.

Bixschootestraße
Bixschoote, ein belgisches Dorf in der Provinz Westflandern, liegt 9 km nördlich von Ypern. Im Ersten Weltkrieg wurde der Ort am 30. 10. 1914 von den Deutschen eingenommen und blieb bis zur Flandernschlacht (31. 7. 1917) unter deutscher Besetzung.

Segitzstraße
Martin Segitz
geb. 26. 7. 1853 in Fürth
gest. 31. 7. 1927
Zinngießer, Gewerkschaftsführer

S. engagierte sich bereits in den siebziger Jahren des 19. Jahrhunderts gewerkschaftlich unter den Metallarbeitern. Er war Mitbegründer des Deutschen Metallarbeiterverbandes (1891) und Mitglied der SPD. Von 1893 bis 1900 vertrat S. die Interessen der deutschen Metallarbeiter als internationaler Vertrauensmann. Er übte politische Funktionen während der Bayrischen Räterepublik aus und war Mitglied im Reichstag; S. ist Verfasser sozialpolitischer Schriften.

Raabestraße

Benennung: 1902
Lage: Führt von der Prenzlauer Allee bis zur Winsstraße

Wilhelm Raabe
geb. 8. 9. 1831 in Eschershausen
gest. 15. 11. 1910 in Braunschweig
Schriftsteller

R. lebte von 1854 bis 1856 in der Berliner Spreestraße, die 1931 zur Erinnerung an seinen Erstlingsroman „Chronik der Sperlingsgasse" (1857) in Sperlingsgasse umbenannt wurde. R. war neben Fontane einer der bedeutendsten deutschsprachigen Erzähler in der zweiten Hälfte des 19. Jahrhunderts. Zu seinen Hauptwerken zählen die Romantrilogie „Der Hungerpastor" (1864), „Die Gänse von Bützow" (1866), „Abu Telfan" (1868). Seine literarischen Werke widerspiegeln Alltagssituationen und Details. Er stellt sich in seinen Werken den politischen und geistigen Problemen seiner Zeit.

Raumerstraße

Benennung: 1892
Lage: Verläuft von der Pappelallee bis zur Prenzlauer Allee, vorbei am Helmholtzplatz

Karl Otto von Raumer
geb. 7. 9. 1805 in Stargard
gest. 6. 8. 1859 in Berlin
Preußischer Staatsmann
R. war in verschiedenen politischen Funktionen tätig; 1834 als Regierungsrat in Posen, später in Frankfurt/O., 1843 als Regierungsvizepräsident in Königsberg und 1845 in Köln. Von 1850 bis 1858 war R. Kultusminister von Preußen.

Rhinower Straße

Benennung: 1903
Lage: Führt von der Gleimstraße bis zur Kopenhagener Straße

Das Städtchen Rhinow liegt im Landkreis Rathenow am Südrand des Rhinluches (BL Brandenburg). R. wurde 1216 erstmals urkundlich erwähnt.

Rietzestraße

Rietzestraße um 1959

Erstbenennung: Drunselweg – 1931
Umbenennung: Pilckemstraße – 1933
Rietzestraße – 1952
Lage: Führt von der Hosemannstraße zur Naugarder Straße

Ein Großteil der Wohnbauten in der Rietzestraße entstanden um 1927, errichtet durch die Gemeinnützige Heimstätten Spar- und Baugesellschaft (GEHAG) nach Entwürfen von Bruno Taut.

Wilhelm Rietze
geb. 10. 10. 1903 in Berlin
gest. 28. 8. 1944 in Brandenburg/Görden
Gürtler, Antifaschist

R. wuchs in einer Arbeiterfamilie auf, die in der Dunckerstraße 13 im Bezirk Prenzlauer Berg wohnte. R. war im Metallarbeiterverband organisiert und Mitglied des Arbeitersportvereins „Fichte". Nach Errichtung des NS-Regimes setzte er seine Gewerkschaftsarbeit illegal fort. 1934 verhaftet, wurde R. zu drei Jahren Zuchthaus verurteilt. Während der Haft lernte er Robert Uhrig kennen, mit dem er nach seiner Entlassung Widerstandsarbeit leistete. R. wurde 1942 erneut verhaftet und im Zuchthaus Brandenburg/Görden hingerichtet.

Pilckemstraße
Pilckem (oder Pilkem) liegt in der Provinz Westflandern in Belgien, nördlich von Ypern. Im Ersten Weltkrieg war P. mehrfach Ort kriegerischer Auseinandersetzungen zwischen Deutschen und Engländern, insbesondere von April bis Juli 1915.

Drunselweg
Adam Drunsel
geb. 1863
gest. 1922
Töpfer, Gewerkschaftsführer

D. war seit 1899 Vorsitzender des Töpferverbandes und von 1905 bis 1911 Mitglied der Generalkommission der Gewerkschaften Deutschlands.

Rodenbergstraße

Erstbenennung: Rodenbergstraße – 1902
Umbenennung: Langbehnstraße – 1938
Rodenbergstraße – 1947

Julius Rodenberg
(eigentlich Levy)
geb. 26. 6. 1831 in Rodenberg
gest. 11. 7. 1914 in Berlin
Schriftsteller
R. war Verfasser von Gedichten, Romanen, Reiseschilderungen, zeichnete u. a. drei Bände „Aus dem Berliner Leben" auf, die wertvolle Kulturdokumente darstellen. Er begründete die Monatsschrift „Salon für Literatur, Kunst und Gesellschaft" (1868/75) und die „Deutsche Rundschau" (1874), an der namhafte Schriftsteller und Wissenschaftler gemeinsam arbeiteten.

Langbehnstraße
August Julius Langbehn
geb. 26. 3. 1851 in Hadersleben
gest. 30. 4. 1907 in Rosenheim
Schriftsteller
L. wirkte als freier Schriftsteller im späten 19. Jahrhundert gegen Materialismus und Rationalismus in der Kunst. Er forderte in seinen Werken, insbesondere in „Rembrandt als Erzieher" (1890), die Besinnung des deutschen Volkes auf sein eigenes Wesen. In der Zeit des Nationalsozialismus fand er große Beachtung.

Rudi-Arndt-Straße

Erstbenennung: Olivaer Straße – 1891
Umbenennung: Rudi-Arndt-Straße – 1974
Lage: Führt von der Dimitroffstraße (ehem. Elbinger Straße) bis zur Fritz-Riedel-Straße (ehem. Deutsch-Kroner-Straße)

Die Bebauung erfolgte im wesentlichen erst 1926/27 nach Entwürfen von Bruno Taut für die Gemeinnützige Heimstätten Spar- und Baugesellschaft (GEHAG). Ältere Bauten sind teilweise kriegszerstört.

Rudi Arndt
geb. 26. 4. 1909 in Berlin
gest. 3. 5. 1940 in Buchenwald
Schriftsetzer, Antifaschist

A. wurde 1928 Mitglied der Bezirksleitung Berlin-Brandenburg des Kommunistischen Jugendverbandes Deutschlands (KJVD) und nach 1932 Mitglied des Zentralkomitees in dieser Jugendorganisation. A. organisierte Aktionen in Berlin und im Ruhrgebiet gegen den sich entwickelnden Nationalsozialismus in Deutschland. Im Oktober 1933 zu dreijähriger Zuchthausstrafe verurteilt, war A. anschließend in den Konzentrationslagern Sachsenhausen, Dachau und Buchenwald inhaftiert und wurde im Mai 1940 ermordet.

Olivaer Straße
(Westpreußenviertel)
Oliva (poln. Oliwa) liegt in der Republik Polen, nahe der Gdańsker Bucht und ist ein Stadtteil von Gdańsk (Danzig). O. wurde um 1170 als Abtei des Zisterzienserordens gegründet, gehörte bis 1466 zum Ordensstaat, von 1466 bis 1793 zu Polen, dann zu Preußen. Nach dem Ersten Weltkrieg kam O. zum Freistaat Danzig und wurde 1926 auch Teil dieser Stadt; seit Beendigung des Zweiten Weltkrieges ist O. polnisch. O. wurde historisch bekannt durch den Frieden von Oliva (3. 5. 1660), der den Schwedisch-Polnischen Krieg (1655 bis 1660) beendete und u. a. dem Kurfürsten von Brandenburg souveräne Rechte über Preußen bestätigte.

Rudolf-Schwarz-Straße

Erstbenennung: Ermländische Straße – 1939

Umbenennung: Rudolf-Schwarz-Straße
– 1974
Lage: Verläuft von der Bötzowstraße zur Artur-Becker-Straße (ehem. Kniprodestraße)

Rudolf Schwarz
geb. 3. 3. 1904 in Berlin
gest. 1. 2. 1934 in Berlin
Schlosser, Antifaschist
Sch., wohnhaft in der Schönhauser Allee 39 b im Bezirk Prenzlauer Berg, wurde innerhalb der Kommunistischen Jugend Deutschlands (KJD) politischer Leiter der Jugendgruppe Nord-Ost und 1922 des Kreises Nord-Ring. Als Mitglied der KPD arbeitete Sch. seit 1929 im Zentralkomitee der Partei. Nach 1933 beteiligte er sich an der Organisierung illegaler Widerstandsarbeit. Ende 1933 wurde Sch. verhaftet und im Februar 1934 im Geheimen Staatspolizeiamt in der Prinz-Albrecht-Straße ermordet.

Ermländische Straße
(Ostpreußenviertel)
Das Ermland (poln. Warmia), eine Landschaft im mittleren Ostpreußen zwischen Frischem Haff und Masurischer Seenplatte, liegt heute in der Republik Polen. Im 13. Jahrhundert zum Staat des Deutschen Ritterordens gehörig, stand das E. von 1466 bis 1772 unter polnischer Oberhoheit und wurde nach der ersten Teilung Polens (1772) preußisch.

Rykestraße

Benennung: 1891
Lage: Verläuft von der Knaackstraße (ehem. Tresckowstraße) bis zur Dimitroffstraße (ehem. Danziger Straße)

Bernhard Ryke
Bürgermeister von Berlin in der zweiten Hälfte des 14. Jahrhunderts
R. ist der Name einer Berliner Familie, eines „ratsfähigen" Patriziergeschlechts, aus

Synagoge in der Rykestraße, erbaut 1903/04

dem vom 14. bis 16. Jahrhundert mehrfach die Bürgermeister von Berlin hervorgingen.

Saarbrücker Straße

Benennung: 1874
Lage: Führt von der Prenzlauer Allee bis zur Schönhauser Allee in Höhe des Senefelderplatzes

Die Wohnbauten in der Saarbrücker Straße entstanden größtenteils in den Jahren 1875/80; reich gestaltete Gründerzeitfassaden charakterisieren das Straßenbild. Saarbrücken ist Hauptstadt des Bundeslandes Saarland mit 188 500 Einwohnern (1987), liegt an der schiffbaren Saar, einem Nebenfluß der Mosel. S. wurde 1227 befestigt und erhielt 1321 Stadtrecht; es fiel 1381 mit der Grafschaft S., die ursprünglich von Bistum Metz lehnsabhängig war, an das Fürstentum Nassau. Zeitweise kam S. an Frankreich, 1680 bis 1697 durch die Reunionen Ludwigs XIV. und 1801 bis 1815 durch Napoleon I. Nach dem Wiener Kongreß (1815) gehörte es zu Preußen. Mit dem Angriff Napoleons III. am 2. 8. 1870 auf S. begannen die Kampfhandlungen des Deutsch-Französischen Krieges. In der Schlacht bei Spichern (16. 8. 1870), einer Gemeinde südlich von S., erlitten die französischen Divisionen eine Niederlage. 1919 bis 1935 war S. mit dem Saargebiet dem Völkerbund unterstellt und wurde durch Volksabstimmung Deutschland angegliedert. Nach 1945 löste Frankreich das Saargebiet mit S. aus der französischen Besatzungszone; es sollte wirtschaftlich zu Frankreich gehören, aber politisch autonom sein. Durch Volksabstimmung 1955 wurden jedoch das Saargebiet und damit S. 1957 Bundesland.

Ehem. Offizierswohnhaus in der Saarbrücker Straße 15, erbaut 1876

Scherenbergstraße

Benennung: 1902
Lage: Führt von der Wichertstraße bis zur Wisbyer Straße (Schriftstellerviertel)

Christian Friedrich Scherenberg
geb. 5. 5. 1798 in Stettin
gest. 9. 9. 1881 in Zehlendorf/b. Berlin
Dichter, Bibliothekar und Schauspieler
Sch. wirkte als Bibliothekar im Preußischen Kriegsministerium. Er schrieb lyrische und epische Gedichte, entnahm seinen Stoff teilweise der preußischen Kriegsgeschichte. Es entstanden poetische Schlachtenbilder, z. B. „Waterloo" (1849), „Leuthen" (1852). Sch. war Mitglied im Berliner literarischen Verein „Tunnel über der Spree".

Schieritzstraße

Erstbenennung: Döblinweg – 1931
Umbenennung: Zeebrüggestraße – 1933
Schieritzstraße – 1952

Lage: Führt von der Greifswalder Straße bis zur Gubitzstraße

Der Döblinweg wurde in der Trasse der alten Kuglerstraße angelegt, die noch bis zum Ende der zwanziger Jahre bis zur Greifswalder Straße führte. Nach der baulichen Erschließung dieses Viertels um 1930 endete der Döblinweg an der Hosemannstraße am ehem. Lisztplatz. Der Platz entfiel mit der späteren Bebauung (Schulbauten um 1970), und die Straße wurde bis zur Gubitzstraße durchgelegt.

Otto Schieritz
geb. 10. 3. 1889 in Berlin
gest. 2. 5. 1945 in Berlin
Angestellter, Antifaschist
Sch. arbeitete in den zwanziger Jahren als Angestellter der Allgemeinen Ortskrankenkasse in Berlin und wurde später hauptamtlicher Gewerkschaftsfunktionär im Gesamtverband der Arbeitnehmer der öffentlichen Betriebe und des Personen- und Warenverkehrs. Als Mitglied der SPD organisierte Sch. nach Errichtung der NS-Diktatur innerhalb des illegalen Bezirksvorstandes Berlin seiner Partei Anlaufstellen für Kuriere des emigrierten SPD-Vorstandes. 1935 von der Gestapo festgenommen, war Sch. bis 1940 im Zuchthaus sowie im Konzentrationslager Papenburg inhaftiert. Während der letzten Kampfhandlungen am 2. Mai 1945 hißte Sch. eine rote Fahne aus dem Fenster seiner Wohnung in der Senefelderstraße 33, wurde daraufhin von der SS festgenommen und ermordet.

Zeebrüggestraße
Zeebrügge ist Seebad an der Nordsee und Vorhafen von Brügge in Westflandern im Königreich Belgien. Im Ersten Weltkrieg, während der deutschen Offensive im Frühjahr 1918, war Z. Ort von Kampfhandlungen (22./23. 4. 1918 Besetzung von Z.).

Döblinweg
Emil Döblin
geb. 1853
gest. 1918
Buchdrucker, Gewerkschaftsführer
D. war von 1888 bis 1918 Vorsitzender des Buchdruckerverbandes und von 1902 bis 1918 Mitglied der Generalkommission der Freien Gewerkschaften.

Schliemannstraße

Benennung: 1896
Lage: Führt von der Dimitroffstraße (ehem. Danziger Straße) zur Raumerstraße am Helmholtzplatz

Heinrich Schliemann
geb. 6. 1. 1822 in Neubukow
gest. 21. 12. 1890 in Neapel
Kaufmann, Archäologe
Sch. war ursprünglich Kaufmann und betrieb aus Interesse Altertumsforschungen. Angeregt durch Homers Epen leitete und finanzierte er seit 1870 Ausgrabungen in Griechenland. Seine Grabungen in Troja, Mykene, Tiryns, Orchomenos und auf Ithaka (1870/85) ermöglichten die Erforschung bis dahin unbekannter Kulturen des 2. Jahrtausends v. u. Z. Sch. wurde damit zum Begründer der modernen Archäologie; seine Forschungen bilden einen Markstein in der Geschichte der Alter-

Heinrich Schliemann

tumswissenschaft. Die Sammlung trojanischer Altertümer schenkte Sch. 1881 dem Völkerkundemuseum in Berlin; im gleichen Jahr wurde er Ehrenbürger der Stadt Berlin.

Schneeglöckchenstraße

Benennung: 1925
Lage: Führt von der Chrysanthemenstraße zur Sigridstraße (Blumenviertel)

Das Schneeglöckchen ist eine im Vorfrühling blühende Pflanze mit glockig hängenden weißen Blüten.

Schönfließer Straße

Benennung: 1903
Lage: Führt von der Dänenstraße in Verlängerung der Schönfließer Brücke bis zur Bornholmer Straße

Fassade in der Schönfließer Straße

Die Schönfließer Straße wurde im Zusammenhang mit dem Viertel um den Arnimplatz im ersten Jahrzehnt dieses Jahrhunderts bebaut (u. a. Jugendstilfassaden). Bad Schönfließ (poln. Trzcińskazdroj) liegt in der Republik Polen. Sch., ein Städtchen (Eisenmoorbad) in der ehemaligen Neumark und zur Mark Brandenburg gehörend, wurde 1266 als Stadt gegründet.

Schönhauser Allee

Benennung: 1841
Lage: Eine der großen in nördlicher Richtung verlaufenden Magistralen durch den Bezirk, beginnt an der Wilhelm-Pieck-Straße (ehem. Lothringer Straße) und geht in die Berliner Straße (Pankow) über

Der „Pankowsche Landweg" (frühere Bezeichnung) diente bereits im Mittelalter der Verbindung von Berlin und Pankow; Berliner Patrizierfamilien verfügten über Landgüter und Sommerhäuser in Pankow, Kurfürst Johann Cicero besaß Ende des

Häuser im Cottage-Stil, Schönhauser Allee nahe Buchholzer Straße, erbaut 1850/52

Schönhauser Allee 55, erbaut 1858

Hochbahnviadukt Schönhauser Allee, 1933

Verkehrsknotenpunkt Schönhauser Allee

15. Jahrhunderts hier ein kleines Jagdschloß. Im 18. Jahrhundert führte die Schönhauser Allee verschiedene Bezeichnungen: „Schönhauser Weg", „Straße nach Niederschönhausen" oder auch „Alter Weg nach Pankow". Zwischen 1695 und 1743 wurde der Überlandweg mit Linden und Kastanien bepflanzt; seit Mitte des 18. Jahrhunderts wurde er in größerem Maße als Zufahrtsweg zum Schloß Schönhausen für Königin Elisabeth Christine genutzt. Nach der Pflasterung hieß die Straße „Pankower Chaussee"; von den Fuhrwerken mußte ein Chausseegeld entrichtet werden. Um 1850/60 war die Schönhauser Allee bereits beidseitig mit ein- bis dreigeschossigen Gebäuden locker bebaut.

Schönhausen bzw. Niederschönhausen, gegründet um 1230, war Angerdorf und Rittersitz im Norden von Berlin. 1691 erwarb Kurfürst Friedrich III. (König Friedrich I.) Sch. und Pankow; für ihn errichtete Johann Friedrich Eosander durch Umbau eines Gutshauses das Schloß Sch. Elisabeth Christine, die Sch. 1740 von ihrem Gemahl, König Friedrich II., zum Geschenk erhielt, ließ den streng axial angelegten Park ausbauen und von Peter Joseph Lenné (1829 bis 1831) in einen Landschaftspark umgestalten.

Schwedter Straße

Benennung: 1862
Lage: Führt von der Schönhauser Allee in Höhe des Senefelderplatzes bis zur Helmut-Just-Straße, ehem. Behmstraße (Ukkermärkisches Viertel)

Die Schwedter Straße war noch bis 1862 ungepflastert und hieß „Verlorener Weg". Einige Grundstücke wurden bereits nach 1850 bebaut; die Wohngebäude entstanden überwiegend zwischen 1870 und 1875. Mit dem Bau der Mauer 1961 war der Straßenabschnitt zwischen Eberswalder Straße und Helmut-Just-Straße (ehem. Behmstraße), am ehemaligen Güterbahnhof der Nordbahn entlang, durch den Grenzverlauf unzugänglich.

Schwedt liegt am linken Oderufer am Rand der Uckermark (BL Brandenburg) und hat 52 200 Einwohner (1988). Sch. wurde um 1250 von den Brandenburger Markgrafen an der Handelsstraße von Berlin nach Stettin gegründet, ist seit 1265 Stadt. Zwischen 1670 und 1788 war Sch. Residenz der Markgrafschaft Brandenburg-Schwedt, einer hohenzollernschen Nebenlinie. Am Ende des Zweiten Weltkrieges stark zerstört (85%), wurde Sch. nach 1945 zu einer Industriestadt (insbesondere Erdölverarbeitung) mit weitläufigen Neubaugebieten ausgebaut.

Seelower Straße

Benennung: 1903
Lage: Führt von der Dänenstraße bis zur Bornholmer Straße

Seelow liegt am Westrand des Oderbruchs (BL Brandenburg) und hat 5 000 Einwohner (1988). S. entstand in der ersten Hälfte des 13. Jahrhunderts, wurde erst 1308 urkundlich als Städtchen genannt und war im Mittelalter eng mit dem Bistum Lebus verbunden. Bei schweren Kämpfen auf den Seelower Höhen wurde im Frühjahr 1945 auch S. stark zerstört.

Senefelderplatz

Benennung: 1896
Lage: Umgeben von der Schönhauser Allee, der Kollwitzstraße (ehem. Weißenburger Straße) und der Metzer Straße

Das Denkmal für Aloys Senefelder, ein Werk des Bildhauers Rudolf Pohle, wurde 1892 aufgestellt. Die Finanzierung des Denkmals erfolgte durch eine großange-

S

Senefelderdenkmal von Rudolf Pohle

Eliaskirche in der Senefelderstraße

Senefelderplatz im Jahre 1907

legte Sammlung der Druckereiarbeiter Deutschlands.

Aloys Senefelder
geb. 6. 11. 1771 in Prag
gest. 26. 2. 1834 in München
Steindrucker

S. war Erfinder der Lithographie (1797), des Steindrucks sowie der Autographie, des anastatischen Drucks und der Stangenpresse. S. leitete zeitweise eine größere Druckerei in München, wo er seine Erfindungen praktisch umsetzen konnte. Im Jahre 1816 erschien S.s „Lehrbuch der Lithographie", das in viele Sprachen übersetzt wurde.

Senefelderstraße

Benennung: 1895
Lage: Führt von der Dimitroffstraße (ehem. Danziger Straße) bis zur Stargarder Straße

Die Bebauung der Senefelderstraße begann etwa um 1895.

Siehe Senefelderplatz

Sigridstraße

Benennung: 1925
Lage: Verläuft vom Syringenweg bis zur Schneeglöckchenstraße am Volkspark Prenzlauer Berg

Sigrid, altnordischer weiblicher Vorname mit der Bedeutung „Sieg" und „reiten".

Sodtkestraße

Erstbenennung: Jäckelstraße – 1931
Umbenennung: Kemmelweg – 1933
Sodtkestraße – 1952

Lage: Führt von der Erich-Weinert-Straße (ehem. Carmen-Sylva-Straße) zur Georg-Blank-Straße (ehem. Dißmannweg/Hollebekeweg)

Die Sodtkestraße liegt in dem Wohngebiet zwischen Sültstraße und Gubitzstraße, das 1929/30 nach Entwürfen von B. Taut und F. Hillinger für die GEHAG (Gemeinnützige Heimstätten Spar- und Baugesellschaft) erbaut wurde.

Arthur Sodtke
geb. 25. 12. 1901 in Hohensalza/Posen
gest. 14. 8. 1944 in Brandenburg/Görden
Schlosser, Antifaschist

S. aus dem Bezirk Prenzlauer Berg, wohnhaft in der Schönhauser Allee 39 b, war zeitweilig in der Berliner Schultheiss-Brauerei tätig; hier war er Mitglied des Betriebsrates. S. war in der KPD (seit 1929) organisiert und wirkte im Arbeitersport. Nach 1933 arbeitete er in der Widerstandsgruppe um Robert Uhrig am Aufbau von illegalen antifaschistischen Betriebsgruppen in Berliner Betrieben. S. wurde im Februar 1942 verhaftet und im Sommer 1944 nach seiner Verurteilung durch den Volksgerichtshof im Zuchthaus Brandenburg/Görden hingerichtet.

Kemmelweg
Der Kemmelberg ist ein östlicher Ausläufer des zwischen Lys- und Yserebene verlaufenden belgischen Höhenrückens (156 m ü. M.) in Westflandern. Im Zusammenhang mit dem letzten Vorstoß der deutschen Truppen in Flandern wurden in der Schlacht um den Kemmelberg im April 1918 Dorf und Berg von der deutschen Armee durch Umfassung eingenommen Gegenangriffe seit Mai 1918 (hohe Menschenverluste) zwangen die Deutschen Ende August zum Rückzug; damit wurde der endgültige Zusammenbruch der deutschen Front in Flandern eingeleitet.

Jäckelstraße
Hermann Jäckel
geb. 30. 1. 1869 in Crimmitschau
gest. 2. 11. 1928
Tuchmacher, Gewerkschaftsführer
J. wirkte von 1899 bis 1902 im Konsumverein Crimmitschau, war zeitweise als Redakteur tätig und wurde 1904 Angestellter der Ortskrankenkasse in Markneukirchen. Er gehörte dem Hauptvorstand des Textilarbeiterverbandes an und war seit 1913 einer der Vorsitzenden. Während des Crimmitschauer Textilarbeiterstreiks leitete J. das Steikkomitee. Auch im Bundesvorstand des ADGB (Allgemeiner Deutscher Gewerkschaftsbund), wo er von 1923 bis 1927 Mitglied war, engagierte sich J. für starke und handlungsfähige Gewerkschaften.

Sonnenburger Straße

Benennung: 1903
Lage: Verläuft von der Gaudystraße bis zur Kopenhagener Straße, endet an der Schönfließer Brücke (erbaut 1912)

Nachdem im Jahre 1912 der Magistrat von Berlin den westlichen Teil des Exerzierplatzes („Exer") kaufte, wurde die Sonnenburger Straße von der Gaudystraße bis zur Eberswalder Straße durchgelegt. Mit Bau des Friedrich-Ludwig-Jahn-Sportparks 1951 entfiel dieser Straßenabschnitt wieder, der in den zwanziger Jahren Rudolf-Mosse-Straße hieß: Rudolf Mosse (geb. 9. 5. 1843 in Grätz, gest. 8. 9. 1920 in Berlin) war nach 1900 Verleger an einem der größten deutschen und Berliner Zeitungskonzerne, dessen „Berliner Tageblatt" (max. Auflage 310 000 Expl.) eines der politisch einflußreichsten Blätter in Deutschland war. M. unterstützte die Stadt bei der Umgestaltung der östlichen Hälfte des Exerzierplatzes zum Sportplatz; zur Erinnerung an ihn wurde diese Straße so benannt. M. ist auf dem Jüdischen Friedhof in der Schönhauser Allee beigesetzt. Sonnenburg (poln. Słonsk) liegt heute in der Republik Polen. S., Städtchen im Kreis Oststernberg in der Neumark, gelegen an der Lenze, ist 1341 als Stadt nachgewiesen. Das Schloß war Sitz des Johanniterordens (1426 bis 1812). Während der NS-Diktatur wurde das alte Zuchthaus S. in ein Konzentrationslager umgewandelt; hier war u. a. Carl von Ossietzky inhaftiert.

Sredzkistraße

Erstbenennung: Franseckystraße – 1875
Umbenennung: Sredzkistraße – 1952
Lage: Führt von der Schönhauser Allee bis zur Prenzlauer Allee

Die Franseckystraße wurde durch den Deutsch-Holländischen Aktien-Bauverein angelegt, der das Viertel um den Wörther Platz bebaute.

Siegmund Sredzki
geb. 30. 11. 1892 in Berlin
gest. 11. 10. 1944 in Sachsenhausen
Dreher, Antifaschist
S., im Bezirk Prenzlauer Berg gebürtig, war seit 1918 in der USPD organisiert und schloß sich 1920 der KPD an. Als Mitglied der Reichsleitung des Verbandes proletarischer Freidenker und der Berliner Leitung des Bundes der Freunde der Sowjetunion setzte sich S. für Völkerverständigung und geistige Toleranz ein. Nach 1933 war S. mehrmals in Haft; 1936 wurde er zu fünf Jahren Zuchthaus verurteilt und nach Ablauf der Haftzeit in das Konzentrationslager Sachsenhausen gebracht. Mit sechsundzwanzig Mitgefangenen wurde S. im Oktober 1944 erschossen.

Franseckystraße
Eduard Friedrich von Fransecky
geb. 16. 11. 1807 in Gedern
gest. 21. 5. 1890 in Wiesbaden
Preußischer General

Ausschankgebäude der Schultheiss-Brauerei, Franseckystraße/Schönhauser Allee

F. wurde 1825 Militärangehöriger, arbeitete als Dozent an der Kriegsakademie und war als Chefredakteur vom „Militärwochenblatt" tätig. Im Preußisch-Österreichischen Krieg 1866 war F. Kommandeur der 7. Division zu Magdeburg, kämpfte bei Münchengrätz. Am Deutsch-Französischen Krieg 1870/71 nahm er als kommandierender General des 2. Armeekorps an den Kämpfen bei Gravelotte und Metz sowie an der Belagerung von Paris teil.

Stahlheimer Straße

Benennung: 1906
Lage: Führt im Zuge der Pappelallee ausgehend von der Bahntrasse bis zur Wisbyer Straße (Nordisches Viertel)

Die Stahlheimer Straße wurde im wesentlichen in den Jahren zwischen 1929 und 1931 durch die De Ge Wo (Deutsche Gesellschaft zur Förderung des Wohnungsbaus) bebaut.
Die Stadt Stahlheim (auch Stalheim) liegt im mittleren Teil des Königreiches Norwegen unweit von Gudvangen.

Stargarder Straße

Benennung: 1891
Lage: Führt von der Schönhauser Allee die Pappelallee überquerend bis zur Prenzlauer Allee

Die Bebauung erfolgte im wesentlichen in den neunziger Jahren des vorigen Jahrhunderts. Der ursprünglich über die Prenzlauer Allee bis zur Greifswalder Straße führende Abschnitt der Stargarder Straße wurde von Erweiterungsbauten des Gaswerkes in den zwanziger Jahren eingenommen.
Stargard (poln. Stargard Szczeciński) liegt in der Wojewodschaft Szczecin im Nordosten der Republik Polen; die Stadt hat

Blick in die Stargarder Straße

54 800 Einwohner (1977). S. erhielt 1253 Stadtrecht, Teile der mittelalterlichen Stadtbefestigung blieben bis in die Neuzeit erhalten. S. war bis 1945 Stadtkreis und Verwaltungssitz des Kreises Saatzig im Regierungsbezirk Stettin in Pommern; im Zweiten Weltkrieg (1945) wurde die Stadt stark zerstört.

Stavangerstraße

Benennung: 1907
Lage: Führt von der Bornholmer Straße zur Ibsenstraße (Nordisches Viertel)

Die Stavangerstraße war zum Zeitpunkt ihrer Benennung noch unbebaut.
Stavanger ist Hauptstadt der Provinz Rogaland im Süden des Königreiches Norwegen, liegt am Boknfjord und hat 94 200 Einwohner (1985). S. ist bedeutender Industriestandort (u. a. Hauptstützpunkt der Erdölplattformen vor der Küste Norwegens). Der Ort wurde im 11. Jahrhundert erstmals erwähnt und war seit dem 12. Jahrhundert Bischofssitz.

Stedingerweg

Benennung: 1936
Lage: Führt von der Artur-Becker-Straße (ehem. Kniprodestraße) zur Sigridstraße

Der Stedingerweg liegt in einer Ein- und Zweifamilienhaussiedlung unterhalb des Volksparkes Prenzlauer Berg.
Die Stedinger (niederdt.), Gestaden- oder Uferbewohner, waren niedersächsisch-friesische Bauern in den Marschen an der Unterweser nördlich von Bremen. Sie waren seit der Urbarmachung und Besiedlung des Gebietes bis zum 13. Jahrhundert persönlich frei und dem Erzbischof von Bremen nur zu Grundzins und Zehnt verpflichtet. Über mehr als 30 Jahre erstreckte sich der Kampf der Bauern gegen die Bestrebungen des Erzbischofs und der Grafen von Oldenburg, höhere Abgaben zu erwirken. Mit Hilfe starker, gut organisierter Deichgenossenschaften zerstörten die Stedinger 1204 oldenburgische Burgen in ihrer Marsch und der umgebenden Geest und verteidigten sich gegen feudale Angriffe. 1230 vom Erzbischof zu Ketzern erklärt, wurde seit 1232 mit päpstlicher Billigung der Kreuzzug gepredigt und 1233 eröffnet (zunächst zurückgeschlagen). Das überlegene Kreuzfahrerheer unter Erzbischof Gerhard II. von Bremen schlug in der Schlacht bei Altenesch (27. 5. 1234) die Stedinger; das Land teilten sich Erzbischof und Oldenburger Grafen, die Abgaben wurden beträchtlich erhöht.

Steengravenweg

Benennung: 1936
Lage: Verläuft zwischen Stedingerweg und Altenescher Weg

Der Steengravenweg liegt in einer Ein- und Zweifamilienhaussiedlung unterhalb des Volksparkes Prenzlauer Berg.
Steengraven (niederdt. für Steingraben) ist

ein Nebenfluß der Weser (BL Niedersachsen). Der S. liegt im Gebiet des Stedinger Landes.

Storkower Straße

Benennung: 1910
Lage: Führt von der Greifswalder Straße bis zur Leninallee (ehem. Landsberger Allee) als Fortsetzung der Grellstraße

Die Storkower Straße endete zum Zeitpunkt der Benennung an der Artur-Bekker-Straße (ehem. Kniprodestraße). 1929 erfolgte die Weiterführung bis zur Leninallee (ehem. Landsberger Allee). In diesem Straßenabschnitt entstand auf einem kleingärtnerisch genutzten Gelände zwischen 1962 und 1966 ein Industriekomplex.
Storkow liegt am Storkower Kanal und am Großen Storkower See (ehem. Dolgensee) im Landkreis Beeskow (BL Brandenburg). Die Stadt hat 5000 Einwohner (1973). Ursprünglich lagen hier eine Sumpfburg und ein wendisches Fischerdorf. St. wird erstmals 1209 genannt; 1555 kam es durch Kauf an Brandenburg.

Gewerbeviertel Storkower Straße um 1970

Steigerohrturm und Wasserturm an der Straßburger Straße

Straßburger Straße

Benennung: 1874
Lage: Führt von der Wilhelm-Pieck-Straße (ehem. Lothringer Straße) bis zur Belforter Straße (Viertel Elsaß-Lothringen)

Die bauliche Erschließung der Straßburger Straße erfolgte durch den Aktien-Bauverein Königstadt.
Straßburg (frz. Strasbourg) ist Hauptstadt des französischen Departements Bas-Rhin mit 252 300 Einwohnern (1982), liegt an der Ill im Elsaß (Alsace). S. entstand auf der römischen Siedlung Argentoratum. Seit dem 4. Jahrhundert war S. Bischofssitz, wurde 1262 Freie Reichsstadt im Römisch-deutschen Kaiserreich. Ludwig XIV. besetzte 1681 S., die Stadt gehörte bis zum Deutsch-Französischen Krieg zu Frankreich. 1871 wurde S. Hauptstadt der deutschen Reichslande Elsaß-Lothringen. Mit dem Versailler Frieden 1919 kam es zu Frankreich. Von 1940 bis 1944 war S. von Deutschen besetzt, seit 1945 wieder französisch.
Das bekannteste historische Bauwerk ist das Straßburger Münster, eines der mächtigsten Bauten aus dem Mittelalter. An der 1621 gegründeten Universität studierte u. a. Goethe.

Stubbenkammerstraße

Benennung: 1910
Lage: Führt von der Prenzlauer Allee zur Senefelderstraße

Die Stubbenkammerstraße ist Teil eines kleinen Viertels westlich der Prenzlauer Allee, das nach Orten an der Ostsee benannt wurde.
Stubbenkammer, eine Steilküste, bestehend aus weißer Kreide (Königsstuhl 122 m ü. M.), ist an ihrer Oberfläche buchenbewaldet. St. liegt auf der Halbinsel Jasmund (Insel Rügen), nordöstlich von Saßnitz (BL Mecklenburg-Vorpommern).

Süderbrokweg

Benennung: 1936
Lage: Führt vom Stedingerweg zum Altenescher Weg

Der Süderbrokweg liegt in einer Ein- und Zweifamilienhaussiedlung unterhalb des Volksparkes Prenzlauer Berg.
Süderbrok ist ein Ort bei Bremen im Gebiet des Stedinger Landes (BL Niedersachsen).

Sültstraße

Erstbenennung: Massinistraße – 1931
Umbenennung: Flandernstraße – 1933
Sültstraße – 1952
Lage: Führt von der Küselstraße (ehem. Silberschmidtweg/Langemarckstraße) zur Ostseestraße

Die Sültstraße ist Teil des Wohnviertels an der Erich-Weinert-Straße (ehem. Carmen-Sylva-Straße) westlich der Prenzlauer Allee, das nach Plänen von B. Taut und F. Hillinger für die GEHAG (Gemeinnützige Heimstätten Spar- und Baugesellschaft) 1929/30 errichtet wurde.

Wilhelm Sült
gest. 1. 4. 1921 in Berlin
Elektrizitätsarbeiter

S., Mitglied der KPD seit ihrer Gründung (1919), war am Aufbau der Berliner Parteiorganisation der KPD beteiligt. S. war Betriebsvertrauensmann der Berliner Elektrizitätsarbeiter; Ende März 1921 nahm er in dieser Funktion an einer Versammlung von Betriebsvertrauensleuten in Berlin teil. Hier wurde Stellung genommen zu den Kämpfen der Arbeiter dieser Zeit im mitteldeutschen Industriegebiet. Während dieser Versammlung verhaftet, wurde S. im Berliner Polizeipräsidium erschossen.

Flandernstraße
Flandern, bestehend aus zwei belgischen Provinzen (West- und Ostflandern) sowie zwei nordfranzösischen Departements, ist eine Landschaft, die sich im Westen Kontinentaleuropas von Seeland (Südholland) bis Nordfrankreich erstreckt. Im 9. Jahrhundert fränkische Grafschaft, fiel es bei der Reichsteilung (Vertrag von Meersen 870) an das Westfränkische Reich. Im Mittelalter entwickelte sich F. zu einem führenden Gewerbezentrum (insbesondere Tuchproduktion), fiel 1384 an das Herzogtum Burgund, 1482 an Habsburg, wurde nach 1713 Teil der österreichischen Niederlande, 1794 bis 1814 französisch und gehört seit 1830 (nördlicher Teil F.s) zu Belgien. Im Ersten Weltkrieg war F. Hauptkampfgebiet (vgl. u. a. Ypern, Langemarck, Kemmelberg) und auch im Zweiten Weltkrieg Schauplatz von Kämpfen.

Massinistraße
Albert Massini
gest. 19. 8. 1932
Gewerkschaftsführer

M. war langjähriger Vorsitzender (1893 bis 1922) des Vereins der Berliner Buchdrucker und Schriftgießer (Gau Berlin des Verbandes der Deutschen Buchdrucker) und engagierte sich im Kampf um gewerkschaftliche Rechte dieser Berufsgruppe. M. nahm am Streik der Berliner Buchdrucker um den Neunstundentag vom November 1891 bis Januar 1892 teil.

Syringenplatz

Benennung: 1925
Lage: Umgeben von der Sigridstraße und dem Syringenweg (Blumenviertel)

Syringe, Syringa ist der botanische Name für Flieder. S. ist ein Zierstrauch mit großen duftenden Blütenrispen in violett, hellblau oder weiß.

Syringenweg

Benennung: 1933
Lage: Führt von der Storkower Straße bis zur Sigridstraße am Volkspark Prenzlauer Berg (Blumenviertel)

Siehe Syringenplatz

Tegnerstraße

Benennung: 1907
Lage: Führt von der Bornholmer Straße bis zur Ibsenstraße (Nordisches Viertel)

Esaias Tegner
geb. 13. 11. 1782 in Kyrkerud
gest. 2. 11. 1846 in Östrabo
Schwedischer Schriftsteller
Nach seinem Studium in Lund wurde T. Dozent für Ästhetik und 1812 Professor für griechische Sprache und Literatur. Seit 1824 war er als Bischof in Växjo tätig. T. schrieb u. a. das Epos „Frithiofs saga" (1820/25), sein Hauptwerk, in dem er einen altnordischen Stoff verarbeitete.

Templiner Straße

Benennung: 1866
Lage: Verläuft von der Schwedter Straße bis zur Fehrbelliner Straße (Uckermärkisches Viertel)

Templin, Stadt in der Uckermark, liegt am Templiner See und am 19 km langen Templiner Kanal (BL Mecklenburg-Vorpommern), es hat 13 636 Einwohner (1983). T. wurde schon im 13. Jahrhundert als Stadt genannt; es sind umfangreiche Wehranlagen, Stadtmauer, Wiekhäuser, Tore aus dem 13./14. Jahrhundert erhalten. T. war Knotenpunkt wichtiger Fernhandelsstraßen.

Teutoburger Platz

Benennung: 1875
Lage: Umgeben von der Fehrbelliner Straße, Templiner Straße, Zionskirchstraße und Christinenstraße

Teutoburger Platz

Das Viertel um den Teutoburger Platz wurde in der Zeit zwischen 1860 und 1875, also relativ früh bebaut. Dieses Wohngebiet war 1875 eines der dichtbesiedeltsten von Berlin.
Der Teutoburger Wald, ein bewaldeter Höhenrücken in Fortsetzung des Eggegebirges, liegt am Nordostrand des Münsterlandes (BL Nordrhein-Westfalen). Historische Bedeutung erlangte die Schlacht im Teutoburger Wald im Jahre 9 u. Z. Der römische Feldherr Varus, seit 7 u. Z. Oberbefehlshaber der römischen Rheinarmee, begann mit der Eingliederung Germaniens in das Römische Reich (Einführung römischer Rechtsprechung und Steuerverfas-

sung). Die germanischen Stämme schlossen sich dagegen unter der Führung des Cheruskers Arminius zu einem Bündnis zusammen und schlugen das römische Heer in einem Überraschungsangriff. Rom unter Kaiser Augustus gab damit Germanien östlich des Rheins auf, die Germanen waren wieder unabhängig.

Thaerstraße

Benennung: 1881
Lage: Führt am Vieh- und Schlachthof entlang bis zur Bahnlinie, der größere Teil der Straße liegt im Bezirk Friedrichshain

Die Thaerstraße erhielt diese Bezeichnung im Zusammenhang mit der Eröffnung des nahe gelegenen Zentralen Vieh- und Schlachthofes im Jahre 1881.

Albrecht Thaer
geb. 14. 5. 1752 in Celle
gest. 26. 10. 1828 in Möglin
Arzt, Landwirt

T. begann seine Tätigkeit als Arzt und Landwirt in Celle. 1804 wurde er Mitglied der Akademie der Wissenschaften in Berlin und Leiter einer privaten landwirtschaftlichen Lehranstalt in Möglin (Oderbruch) mit einem Versuchsgut. T. führte die Fruchtwechselwirtschaft in Deutschland ein und entwickelte mit seinen Werken eine wissenschaftliche Grundlage für die Landwirtschaft. Seit 1807 war er Staatsrat im Ministerium des Innern. T. beteiligte sich an der Ausarbeitung der Agrarreform in Preußen.

Thomas-Mann-Straße

Benennung: 1976
Lage: Führt von der Greifswalder Straße in das Wohngebiet zwischen Greifswalder Straße und Storkower Straße

Thomas-Mann-Straße im Neubaugebiet

Mit Errichtung des Neubaugebietes an der Greifswalder Straße 1974 bis 1978 wurde die Thomas-Mann-Straße neu angelegt.

Thomas Mann
geb. 6. 6. 1875 in Lübeck
gest. 12. 8. 1955 in Zürich
Schriftsteller
M. lebte seit 1901 als freischaffender Schriftsteller in München; er arbeitete u. a. an der Zeitschrift „Simplizissimus". 1933 emigrierte M. zunächst in die Schweiz, seit 1938 lebte und wirkte er in den USA (Kalifornien) und zuletzt wieder in der Schweiz. M. erlangte Weltruhm mit seinem umfangreichen Romanschaffen, u. a. „Buddenbrooks" (1901), „Der Zauberberg" (1924), „Joseph und seine Brüder" (1933/43), „Dr. Faustus" (1947). 1929 erhielt er den Nobelpreis.

Topsstraße

Erstbenennung: Ludwigstraße – 1937
Umbenennung: Topsstraße – 1952
Lage: Verläuft von der Schönhauser Allee bis zur Eberswalder Straße (am Friedrich-Ludwig-Jahn-Sportpark)

Hermann Tops
geb. 18. 7. 1897 in Berlin
gest. 14. 8. 1944 in Brandenburg/Görden
Werkzeugmacher, Antifaschist

T. wohnte im Bezirk Prenzlauer Berg in der Kopenhagener Straße 46, er engagierte sich in den zwanziger Jahren gewerkschaftlich im Metallarbeiterverband. 1923 wurde er Mitglied der KPD und wirkte zeitweise als Bezirksverordneter im Prenzlauer Berg. T. arbeitete seit 1931 in der Reichsleitung der Kampfgemeinschaft für rote Sporteinheit und wirkte auch illegal nach der Machtübernahme durch die Nationalsozialisten in dieser Organisation. Nach mehrmonatiger Haft schloß sich T. der Widerstandsbewegung um Robert Uhrig an. Im Februar 1942 verhaftete die Gestapo T. erneut; er wurde im Sommer 1944 zum Tode verurteilt.

Ludwigstraße

Die Benennung der Ludwigstraße erfolgte zeitgleich mit der Wohnbebauung am ehemaligen Exerzierplatz.

Otto Ludwig
geb. 17. 4. 1886
gest. 6. 3. 1932

L. war Mitglied der NSDAP in der Zeit der Weimarer Republik. Bei politischen Auseinandersetzungen in Vorbereitung der Reichspräsidentenwahl im März 1932 kam L. ums Leben.

Trachtenbrodtstraße

Erstbenennung: Elmstraße – 1931
Umbenennung: Ypernstraße – 1933
Trachtenbrodtstraße – 1952
Lage: Führt von der Küselstraße (ehem. Silberschmidtweg/Langemarckstraße) zum Lindenhoekweg

Die Trachtenbrodtstraße liegt in dem 1929/30 von der GEHAG (Gemeinnützige Heimstätten Spar- und Baugesellschaft) nach Entwürfen von B. Taut und F. Hillinger errichteten Wohnviertel östlich der Prenzlauer Allee.

Martin Trachtenbrodt
geb. 11. 4. 1909
gest. 29. 8. 1942 in Sachsenhausen
Antifaschist

T. war Funktionär der KPD. Aufgrund illegaler Tätigkeit in der Partei während der NS-Diktatur wurde T. im September 1933 verhaftet und nach neunjähriger Haft im Konzentrationslager Sachsenhausen von der SS ermordet.

Blick in die Trachtenbrodtstraße

Ypernstraße

Ypern liegt in der belgischen Provinz Westflandern, westlich von Kortrijk. Im 13./ 14. Jahrhundert war Y. ein bedeutendes Zentrum des Handels und der Tuchproduktion. Die Stadt war bis 1781 Festung. Im Ersten Weltkrieg, in dem Y. fast völlig zerstört wurde, war es Mittelpunkt der britischen Verteidigungsstellung in Flandern. In den Kämpfen um Y. 1914 konnten die deutschen Truppen die britische Frontlinie nicht durchbrechen, es kam zum Stellungskrieg. Im April 1915 setzte der deutsche Generalstab in Y. erstmals chemische Kampfstoffe (Giftgas) ein.

Elmstraße
Adolf von Elm
geb. 24. 9. 1857 in Wandsbek/b. Hamburg
gest. 18. 9. 1916 in Hamburg
Zigarettenarbeiter, Gewerkschaftsführer
E., bereits vor 1875 Mitglied des Allgemeinen Deutschen Arbeitervereins (ADAV), setzte sich für die Schaffung einer gewerkschaftlichen Organisation der Tabakarbeiter ein. So war er 1883 Mitbegründer des Verbandes der Zigarettensortierer. E. übernahm die Geschäftsführung und wurde 1891 Verbandsvorsitzender. Von 1890 bis 1896 arbeitete er in der Generalkommission der Gewerkschaften und bestimmte wesentlich die Entwicklung der Gewerkschaftsbewegung in Deutschland mit. E. beteiligte sich an der Gründung des Zentralverbandes Deutscher Konsumvereine (1903). Er war Mitglied der SPD und von 1894 bis 1906 Abgeordneter im Reichstag.

Ueckermünder Straße

Benennung: 1907
Lage: Führt von der Malmöer Straße zur Norwegerstraße und liegt im Nordischen Viertel

Die Stadt Ueckermünde liegt an der schiffbaren Uecker ca. 2 km vor der Mündung in das kleine Oderhaff (BL Mecklenburg-Vorpommern). Die 1250 von den brandenburgischen Markgrafen gegründete Stadt hat heute als Kreisstadt 12 000 Einwohner (1988).

Varnhagenstraße

Benennung: 1913
Lage: Verläuft von der Erich-Weinert-Straße (ehem. Carmen-Sylva-Straße) am Humannplatz bis zur Wisbyer Straße (Schriftstellerviertel)

Zum Zeitpunkt der Benennung war die Straße noch unbebaut. Erst 1929/30 erfolgte die Erschließung durch die De Ge Wo (Deutsche Gesellschaft zur Förderung des Wohnungsbaus).

Karl August Varnhagen von Ense
geb. 21. 2. 1785 in Düsseldorf
gest. 10. 10. 1858 in Berlin
Publizist, Kritiker und Schriftsteller
V. war als preußischer Legationsrat in Karlsruhe am badischen Hof tätig und wurde aufgrund seiner liberalen Anschauungen 1824 pensioniert. Kulturge-

Wohnhäuser in der Varnhagenstraße

schichtlich bedeutsam sind seine „Denkwürdigkeiten und vermischte Schriften" (1837/46), „Biographische Denkmale" (1824/30) und „Tagebücher" (1861/70). V. wurde in seiner literarischen Tätigkeit von seiner Frau Rahel beeinflußt. Ihr Salon in der Französischen Straße und später in der Mauerstraße 36 war ein Mittelpunkt des literarischen Berlins, wo sich inbesondere die Romantiker trafen.

Virchowstraße

Benennung: 1891
Lage: Geht von der Straße Am Friedrichshain aus und entlang am Park und Krankenhaus Friedrichshain bis zur Leninallee (ehem. Landsberger Allee), sie gehört bis zur Werneuchener Straße zum Bezirk Prenzlauer Berg

Rudolf Virchow
geb. 13. 10. 1821 in Schivelbein
gest. 5. 9. 1902 in Berlin
Mediziner, Anthropologe, Politiker
V. war als Universitätsprofessor am Pathologischen Institut in Berlin tätig; er begründete die Zellularpathologie. Auf dem Gebiet der öffentlichen Hygiene und Gesundheitspflege erwarb er sich Verdienste, insbesondere durch sein Engagement als Stadtverordneter für die Anlage des Berliner Kanalisationssystems. V. war Mitbegründer der modernen Anthropologie und Urgeschichte in Deutschland, beteiligte sich an Ausgrabungen, z. B. mit Schliemann. Von 1880 bis 1893 war V. Mitglied im Deutschen Reichstag. Sein Wohnsitz war in Berlin, in der Schellingstraße 10.

Werner-Kube-Straße

Erstbenennung: Pregelstraße
– 1911/1939
Umbenennung: Werner-Kube-Straße
– 1974
Lage: Führt von der Anton-Saefkow-Straße (ehem. Gumbinner Straße) bis zur John-Schehr-Straße (ehem. Kurische Straße)

Ursprünglich (1911) hieß der Straßenabschnitt zwischen Greifswalder Straße und Artur-Becker-Straße (ehem. Kniprodestraße) Pregelstraße. Mit der Wohnbebauung dieses Viertels östlich der Greifswalder Straße Mitte der dreißiger Jahre erfolgte dann 1939 die Neuordnung des Straßennetzes und die Benennung des gesamten Gebietes. Die Bezeichnungen Pregelstraße und Gumbinner Straße wurden ausgetauscht, und die Pregelstraße erhielt 1939 ihren heutigen Verlauf.

Werner Kube
geb. 24. 4. 1923 in Trebitsch/Kr. Friedeberg
gest. 20. 4. 1945 in Brottewitz/b. Riesa
Autoschlosser, Antifaschist
K., aufgewachsen in Berlin in einem fortschrittlichen Elternhaus, wurde 1941 zur Wehrmacht (Luftwaffe) einberufen; er arbeitete als Soldat in einer Flugzeugreparaturwerkstatt. K. unterstützte hier tätige sowjetische Kriegsgefangene mit Lebensmitteln und informierte sie über den Kriegsverlauf. Nach Denunziation festgenommen (1944), wurde K. im Gefängnis Altenburg und im Militärgefängnis Torgau inhaftiert. Aufgrund des Vormarsches de

Rudolf Virchow

oten Armee mußten 3000 Häftlinge
945 den Todesmarsch antreten. Nach ei-
em mißlungenen Fluchtversuch wurde K.
it vier anderen beteiligten Häftlingen
andrechtlich erschossen.

regelstraße
Ostpreußenviertel)

er Pregel (russ. Pregolja), Fluß in der
owjetunion, ist 127 km lang und lag im
emaligen Ostpreußen. Der P. ist teilwei-
e schiffbar und mündet westlich von Kali-
ngrad (Königsberg) in das Frische Haff.

Werneuchener Straße

enennung: 1896
age: Verläuft von der Dimitroffstraße
hem. Elbinger Straße) bis zur Virchow-
raße (am Friedrichshain)

as Städtchen Werneuchen liegt im Land-
eis Bernau (BL Brandenburg). W. wurde
n der Handelsstraße Berlin – Königsberg
ahrscheinlich im 13. Jahrhundert ge-
ründet, aber erst 1865 zur Stadt erhoben
Kirche 1240 urkundlich erwähnt).

Wichertstraße

enennung: 1902
age: Verläuft von der Schönhauser Allee
ur Prenzlauer Allee (Weiterführung durch
rellstraße und Storkower Straße)
Schriftstellerviertel)

ie Bebauung der Wichertstraße erfolgte
verschiedenen Zeitetappen. Die Wohn-
auten zwischen Schönhauser Allee und
reifenhagener Straße entstanden um die
ahrhundertwende, der Abschnitt zwichen Stahlheimer Straße und Prenzlauer
llee wurde teilweise Ende der zwanziger
ahre unseres Jahrhunderts durch ver-
chiedene Gesellschaften erschlossen.

Fassaden in der Wichertstraße

Ernst Wichert
geb. 11. 3. 1831 in Insterburg
gest. 21. 1. 1902 in Berlin
Schriftsteller
W. studierte von 1850 bis 1853 in Königsberg Geschichte und Rechtswissenschaft.
Neben seiner Tätigkeit als Kammerge-
richtsrat in Berlin schrieb er Dramen, Romane und Novellen. Bekannt wurden insbesondere seine Lustspiele. W. war Herausgeber der „Altpreußischen Monatsschrift" und Mitbegründer der Genossen-
schaft dramatischer Autoren und Kompo-
nisten in Leipzig. Er wohnte in Berlin in der
Genthiner Straße 26.

Wilhelm-Florin-Straße

Benennung: 1984
Lage: Führt von der Greifswalder Straße
in das Wohngebiet Ernst-Thälmann-Park
hinein

Die Wilhelm-Florin-Straße wurde im Jahre 1984 im Zusammenhang mit dem Abriß des Gaswerkes und dem Neubau des Wohngebietes Ernst-Thälmann-Park neu angelegt.

Wilhelm Florin
geb. 16. 3. 1894 in Köln
gest. 5. 7. 1944 in Moskau
Metallarbeiter, Antifaschist

F. wurde als Mitglied der USPD 1918 während der Novemberrevolution in den Kölner Arbeiter- und Soldatenrat gewählt. Seit 1924 übte er verschiedene Funktionen auf zentraler Ebene der KPD aus und war Reichstagsabgeordneter. F. emigrierte im Frühjahr 1933 zunächst nach Frankreich und später in die Sowjetunion. Er wirkte an der Organisierung der illegalen Arbeit der KPD mit. F. war Mitbegründer und Mitglied des „Nationalkomitees Freies Deutschland" (NKFD).

Blick zur Wohnanlage Wilhelm-Pieck-Straße 3–15

Wilhelm-Pieck-Straße

Erstbenennung: Wollankstraße – 1832 (zwischen Rosenthaler und Schönhauser Tor)
Umbenennung: Lothringer Straße – 1872
Wilhelm-Pieck-Straße – 1951
Lage: Führt von der Prenzlauer Allee bis zur Choriner Straße, bildet die Bezirksgrenze zu Mitte (Verlängerung Bezirk Mitte)

In Höhe der Wilhelm-Pieck-Straße verlief der nördliche Teil der in den achtziger Jahren des 18. Jahrhunderts errichteten massiven Stadtmauer (Vorverlegung der Palisadenwehr von der Linienstraße). Der alte Weg zwischen dem Prenzlauer und dem Schönhauser Tor entlang der Stadtmauer wurde Schönhauser Kommunikation genannt. 1832 erfolgte die Benennung des Straßenabschnitts zwischen Rosenthaler und Schönhauser Tor in „Wollankstraße", nach der Grundbesitzerfamilie Wollan, die hier umfangreiche Besitzungen hatt (u. a. „Wollanks-Weinberg"). Im Jahr 1872 erhielt die Wollankstraße einschließ lich des Abschnitts zwischen Schönhau ser und Prenzlauer Tor die Bezeichnun Lothringer Straße, die westliche Fortset zung bis zur Friedrichstraße (Bezirk Mitte wurde Elsasser Straße genannt. Dies er folgte im Zusammenhang mit dem Ergeb nis des Deutsch-Französischen Kriege (1870/71) und der Abtretung von Elsaß Lothringen an Deutschland.

Wilhelm Pieck
geb. 3. 1. 1876 in Guben
gest. 7. 9. 1960 in Berlin
Tischler, Politiker

P. wurde 1895 Mitglied der SPD. 1918/1 gehörte er zu den Gründungsmitglieder der KPD und war seit dieser Zeit immer i führenden Positionen dieser Partei tätig. wirkte als Abgeordneter im Preußische Landtag (seit 1921), im Preußische Staatsrat (seit 1929) und im Reichstag (se 1928). Im Februar 1933 emigrierte er nac

Frankreich, später in die Sowjetunion und war Gründungsmitglied des „Nationalkomitees Freies Deutschland" (NKFD). P. war während an der Vereinigung von KPD und SPD (1946) in der Sowjetischen Besatungszone beteiligt und wurde mit Otto Grotewohl Vorsitzender der Sozialistischen Einheitspartei Deutschlands (SED). Nach der Spaltung Deutschlands war P. von 1949 bis zu seinem Tode Präsident der Deutschen Demokratischen Republik (DDR).

Willi-Bredel-Straße

Lothringer Straße
(Viertel Elsaß-Lothringen)

Lothringen (frz. Lorraine), eine Region im Nordosten Frankreichs, erstreckt sich zwichen Champagne und Vogesen, Ardenen und Monts Faucilles. L. (meist zusamen mit dem Elsaß) hat als Grenzland zwichen Deutschland und Frankreich eine wechselvolle Geschichte. L. kam 870 durch den Vertrag von Meersen an das Ostfränkische Reich und wurde 923/25 durch Herzog Heinrich I. endgültig als Herzogtum dem Deutschen Reich angegliedert. 959 erfolgte die Aufgliederung des Landes in Niederlothringen (Brabant) und Oberlothringen – von nun an das eigentliche L. 1670 bis 1692 besetzte Ludwig XIV. ganz L.; 1871 nach dem Deutsch-Französischen Krieg fiel ein großer Teil L.s mit Metz an das Deutsche Reich. Laut Versailler Vertrag wurde es 1919 an Frankreich abgetreten. Ein Teil L.s (Departement Moselles) stand 1940 bis 1945 unter deutscher Verwaltung, seit 1945 gehört L. wieder zu Frankreich.

Willi-Bredel-Straße

Erstbenennung: Schivelbeiner Straße 1903
Umbenennung: Willi-Bredel-Straße 1971

Lage: Führt von der Schönhauser Allee bis zur Malmöer Straße

Willi Bredel
geb. 2. 5. 1901 in Hamburg
gest. 27. 10. 1964 in Berlin
Schriftsteller

B., aus einer Arbeiterfamilie stammend, war seit 1919 Mitglied der KPD; er begann seine literarische Laufbahn als Redakteur und Journalist in den zwanziger Jahren. Nach seiner Entlassung aus dreizehnmonatiger Haft im Konzentrationslager Fuhlsbüttel gelang ihm 1934 die Flucht ins Ausland. B. nahm 1937/39 am Spanischen Bürgerkrieg teil, lebte dann in Moskau und wirkte 1943 im „Nationalkomitee Freies Deutschland" (NKFD). Seit 1945 wieder in Deutschland, übernahm B. verschiedene kulturpolitische Funktionen. Sein Hauptwerk ist die Romantrilogie „Verwandte und Bekannte" (1943/53).

Schivelbeiner Straße
Schivelbein (poln. Świdwin) liegt an der Rega in der Wojewodschaft Koszalin in der Republik Polen (1979: 14 000 Einwohner). Sch. war bis 1945 Stadt im Regierungsbezirk Köslin, Kreis Belgard in Pommern. Das Schloß von Sch. wurde schon um 1300 von den Templern angelegt und später vom Deutschen Ritterorden ausgebaut.

Winsstraße

Benennung: 1891
Lage: Führt von der Heinrich-Roller-Straße (ehem. Heinersdorfer Straße) bis zur Dimitroffstraße (ehem. Danziger Straße)

Ursprünglich führte die Winsstraße noch über die Danziger Straße, etwas versetzt, hinaus bis zur Fröbelstraße. Dieser Straßenabschnitt trägt heute die Bezeichnung Franz-Dahlem-Straße.

Thomas Wins

Bürgermeister von Berlin von 1426 bis 1447
Aus der Patrizierfamilie Wins gingen im 14. und 15. Jahrhundert mehrere Bürgermeister für Berlin hervor. Die Familie Wins war sehr wohlhabend, um 1500 unterstützte sie finanziell den Deutschen Ritterorden. 1442 übergaben die Ratsherren von Berlin/Cölln die Schlüssel der Stadt an den Kurfürsten Friedrich II. von Brandenburg (1413 bis 1471). Damit mußten die wichtigsten Stadtrechte an den Fürsten abgetreten werden.

Portal der Paul-Gerhardt-Kirche in der Wisbyer Straße

Wisbyer Straße

Benennung: 1905
Lage: Verläuft in Fortsetzung der Bornholmer Straße von der Schönhauser Allee bis zur Prenzlauer Allee (Nordisches Viertel)

Die Wisbyer Straße ist Teil der äußeren Ringstraße des Bebauungsplanes von 1862. Für die Wohnbebauung wurde die Wisbyer Straße erst Ende der zwanziger Jahre von verschiedenen Gesellschaften erschlossen.
Wisby (Visby) ist Hauptstadt der schwedischen Insel Gotland, hat 20 100 Einwohner (1982). W., zunächst von Gotländern, dann von deutschen Kaufleuten besiedelt, war im Mittelalter bis zum Ende des 13. Jahrhunderts ein den Ostseehandel beherrschendes Handelszentrum. Im 13. und 14. Jahrhundert war es Hauptkontor der Hanse. 1361 vom Dänenkönig Waldemar IV. erobert, wurde es nach dem Frieden von Brömsebro (1645) schwedisch.

Wörther Straße

Benennung: 1875
Lage: Führt von der Schönhauser Allee bis zur Prenzlauer Allee (Viertel Elsaß-Lothringen)

Wörth (frz. Woerth) liegt im unteren Elsaß (Alsace) im Departement Bas-Rhin, südwestlich von Weißenburg (Wissembourg). Am 6. 8. 1870 erkämpften preußisch-deutsche Truppen in W. im Deutsch-Französischen Krieg (1870/71) ihren ersten bedeutenden Sieg; damit wurde der Durchbruch durch die Vogesen eröffnet.

Ystader Straße

Benennung: 1906
Lage: Führt von der Gleimstraße in Verlän-

Rekonstruiertes Wohnhaus in der Wörther Straße 37

gerung der Straße Am Falkplatz bis zur Bahnlinie (Nordisches Viertel)

Ystad ist eine südschwedische Hafenstadt an der Ostsee mit 23 900 Einwohnern (1979); sie liegt in der Provinz Malmöhus. Es besteht Fährverkehr nach Dänemark (Rønne) und Polen (Swinoujścíe). Um 1240 erstmals erwähnt, befand sich in Y. im 14./15. Jahrhundert eine Niederlassung der Hanse.

Zehdenicker Straße

Benennung: 1863
Lage: Verläuft von der Christinenstraße zur Choriner Straße, Weiterführung im Bezirk Mitte bis zum Weinbergsweg (Uckermärkisches Viertel)

Zehdenick liegt im Landkreis Gransee in der südwestlichen Uckermark an der schiffbaren Havel (BL Brandenburg). Die Stadt hat 11 773 Einwohner (1983). Z. wurde 1211 gegründet und erhielt 1281 Stadtrecht. Das im Südosten Z.s gelegene Zisterzienser-Nonnenkloster, gegründet um 1250, ist heute Ruine.

Zelterstraße

Benennung: 1910
Lage: Führt von der Prenzlauer Allee bis zur Dunckerstraße

Zum Zeitpunkt ihrer Benennung war die Zelterstraße vom Humannplatz über die Prenzlauer Allee bis zur Naugarder Straße angelegt. Mit dem Bau der „Carl-Legien-Siedlung" 1929/30 entfiel der Straßenabschnitt östlich der Prenzlauer Allee.

Carl Friedrich Zelter

geb. 11. 12. 1758 in Berlin
gest. 15. 5. 1832 in Berlin
Komponist, Dirigent
Z. war seit 1800 als Direktor der Berliner Singakademie tätig. im Jahre 1809 begründete er die Berliner Liedertafel zur Pflege des Männergesanges und 1822 das Königliche Institut für Kirchenmusik. Z. wirkte für die Verbesserung der Musikpflege und Musikerziehung und war als Lehrer

Carl Friedrich Zelter

tätig. Zu seinen Schülern zählten u. a. Mendelssohn-Bartholdy, Meyerbeer. Z. vertonte auch Gedichte Goethes, mit dem er viele Jahre über freundschaftlich verbunden war.

Zionskirchstraße

Benennung: 1866
Lage: Führt von der Christinenstraße bis zur Choriner Straße und wird im Bezirk Mitte fortgesetzt bis zur Anklamer Straße

Die Zionskirchstraße wurde benannt nach dem Berg Zion (Sion), nach christlicher Version der Südwesthügel von Jerusalem, der als Quellort der christlichen Verkündigung angesehen wird; die dort um 350 u. Z. erbaute Basilika trägt den Namen Sancta Sion. Ausgrabungen in Jerusalem erbrachten den Nachweis, daß der Südosthügel der Berg Zion ist, dessen Festung unter König David (1004 bis 965 v. u. Z.) von den Israeliten erobert worden ist. Die Straße erhielt die Bezeichnung nach der 1864 gegründeten Gemeinde Zion. Die gleichnamige Kirche auf dem Zionskirchplatz (Bezirk Mitte) wurde 1873 eingeweiht, gestiftet als Votivkirche für die Rettung Wilhelms I. nach dem Attentat in Baden 1860.

Bahnhöfe, die Namen angrenzender Straßen und Plätze führen

U-Bahnhof Senefelderplatz
U-Bahnhof Dimitroffstraße (ehem. Danziger Straße)
U-Bahnhof Schönhauser Allee (ehem. Nordring)

S-Bahnhof Bornholmer Straße
S-Bahnhof Schönhauser Allee
S-Bahnhof Prenzlauer Allee
S-Bahnhof Ernst-Thälmann-Park (ehem. Greifswalder Straße/ehem. Weißensee)
S-Bahnhof Leninallee (ehem. Landsberger Allee)
S-Bahnhof Storkower Straße (ehem. Zentral-Viehhof)

Parkanlagen

Anton-Saefkow-Park (ehem. Gumbinner Grund)
Volkspark Prenzlauer Berg (Oderbruchkippe)
Ernst-Thälmann-Park
Friedrich-Ludwig-Jahn-Sportpark

STRASSEN UND PLÄTZE, DIE MIT DER ZUNEHMENDEN BAULICHEN ENTWICKLUNG IM 20. JAHRHUNDERT ENTFIELEN

Bezeichnung	Benennung	Lage
Bardelebenstraße	1897	von Kniprodestraße bis zur Werneuchener Straße
Beeskower Straße	1910	von der Ringbahn nahe der Storkower Straße bis zur Bezirksgrenze Weißensee
Friedeberger Straße	1902	von der Braunsberger Straße bis zur Kniprodestraße (am Arnswalder Platz)
Gedikestraße	1911	von der Winsstraße bis zur Diesterwegstraße (am Danziger Platz)
Kurischer Platz	1911	umgeben von der Kurischen Straße, der Trakehner Straße, der Lycker Straße und der Braunsberger Straße
Labiauer Straße	1911	von der Lycker Straße zur Pregelstraße und Gumbinner Straße
Lisztplatz	1910	umgeben von der Carmen-Sylva-Straße, der Naugarder Straße, der Hosemannstraße und der Kuglerstraße
Lycker Straße	1911	von der Greifswalder Straße bis zur Kniprodestraße im Zuge der Thorner Straße
Meubrinkstraße	1911	von der Greifswalder Straße bis zur Kniprodestraße im Zuge der Kuglerstraße
Silberschmidtweg (Teil), später Dixmuidenweg, danach Lehmannstraße	1931 1933 1952	vom Dißmannweg (später Hollebekeweg bzw. Georg-Blank-Straße) zum anderen Teil des Silberschmidtweges (später Langemarckstraße bzw. Küselstraße)

Die Bezeichnungen Gräbstraße (benannt 1913), eine kleine Straße zwischen Kuglerstraße und Wisbyer Straße, und Nordenskjöldstraße (benannt 1907), ursprünglich gelegen zwischen der Malmöer Straße und der Norwegerstraße, wurden in den sechziger Jahren aufgehoben. Die Gräbstraße ist heute ein Teil der Wisbyer Straße.
Der Danziger Platz (benannt 1911), umgeben von der Danziger Straße, Diesterwegstraße, Winsstraße und Gedikestraße, existiert heute in ähnlichem Ausmaß an der Dimitroffstraße, jedoch ohne Bezeichnung; diese wurde 1950 mit der Umbenennung der Dimitroffstraße aufgehoben.

AUSWAHLBIBLIOGRAPHIE

Quellen

Amtsblatt der Königlichen Regierung zu Potsdam und der Stadt Berlin, Jahrgang 1862 bis 1925
Amtsblatt der Stadt Berlin, Jahrgang 1928 bis 1932
Amtsblatt für den Landespolizeibezirk Berlin, Jahrgang 1933 bis 1939
Erster Verwaltungsbericht der neuen Stadtgemeinde Berlin, Heft 12, Verwaltungsbezirk Prenzlauer Berg, Berlin 1924
Magistratsbeschlüsse des Magistrats von Groß-Berlin, Nr. 900 v. 31.1.1952, 880 v. 28.12.1956, 330/85 v. 3.7.1985, 343 und 344 v. 5.1.1990
Straßenführer durch Berlin und Vororte, Berlin 1919
Straßenführer für Berlin und Vororte, Berlin 1908
Verordnungsblatt für Groß-Berlin, 1.–32. Jahrgang, 1945–1976
Verzeichnis im Jahre 1845 in Berlin lebender Schriftsteller und ihrer Werke, Berlin 1846
Verzeichnis im Jahre 1825 in Berlin lebender Schriftsteller und ihrer Werke, Berlin 1926

Literatur

Allgemeine Deutsche Biographie, Leipzig 1875/1912
Atlas zur Geschichte, Bd. 1 u. 2, Gotha 1989
Behrendt, O./Malbranc, K.: Auf dem Prenzlauer Berg, Frankfurt/M. und Berlin 1928
Berlinische Lebensbilder, Bd. 1–3, Berlin 1987
Bibel-Lexikon, Leipzig 1969
Bildnisse berühmter Mitglieder der Deutschen Akademie der Wissenschaften zu Berlin, Berlin 1850
Das geistige Berlin, Bd. 1–3, Berlin 1897/98
Dehio, G.: Handbuch der deutschen Kunstdenkmäler, Bezirk Berlin/DDR und Potsdam, Berlin 1988
Ders.: Handbuch der deutschen Kunstdenkmäler, Bezirk Cottbus und Frankfurt/O., Berlin 1987
Denkmale und Plastiken im Stadtbezirk Prenzlauer Berg, Frankfurt/O. 1980
Der Berliner Osten, Berlin 1930
Der Große Ploetz, Auszug aus der Geschichte, Freiburg/Würzburg 1986
dtv-Lexikon in 20 Bänden, Mannheim und München 1990
Deutsche Geschichte in zwölf Bänden, Bd. 3 u. 4, Berlin 1983
Deutsche Widerstandskämpfer 1933–1945, Bd. 1 u. 2, Berlin 1970
Die Bau- und Kunstdenkmale in der DDR, Hauptstadt Berlin, Bd. 1, Berlin 1983
Die Schlachten und Gefechte des Großen Krieges 1914–1918, Berlin 1919
Die SED in Geschichte und Gegenwart, Köln 1987
Dralle, L: Der Staat des Deutschen Ordens in Preußen nach dem II. Thorner Frieden, Wiesbaden 1975
Finker, K.: Graf Moltke und der Kreisauer Kreis, Berlin 1980
Fontane, Th.: Wanderungen durch die Mark Brandenburg, 2. Teil: Das Oderland, Berlin 1976
Geschichte der deutschen Literatur, Bd. 1 u. 2, Leipzig und Wien 1910
Geschichte der Deutschen Literatur, Bd. 8.1, 8.2, Berlin 1979
Heinrich, G.: Geschichte Preußens, Frankfurt/M./Berlin/Wien 1981
Internationales Handwörterbuch des Gewerkschaftswesens, Bd. 2, Berlin 1932
Jahnke, K. H.: Jugend im Widerstand, Frankfurt/M. 1985
75 Jahre Julius Bötzow Brauerei Berlin 1864–1939, Berlin 1939
50 Jahre Vieh- und Schlachthof Berlin – Festschrift, Berlin 1931
Joop, H.: Berliner Straßen, Beispiel Wedding, Berlin 1987
Kaemmel, O.: Der Werdegang des deutschen Volkes, 2 Bde., Leipzig 1896/98
Kratz, G./Klempin, R.: Die Städte der Provinz Pommern, Wiesbaden 1973 (Nachdruck der 1. Auflage, Berlin 1865)
Kullnik, H.: Berliner und Wahlberliner, Berlin 1987
Lexikon der Antike, Leipzig 1977
Mammach, K.: Widerstand 1933–1939, Berlin 1983
Ders.: Widerstand 1939–1945, Berlin 1987
Meyers Enzyklopädie Lexikon, Mannheim/Wien/Zürich 1975
Meyers Großes Konversationslexikon, Leipzig und Wien 1902/08
Meyers Lexikon, Leipzig 1937/40
Mitteilungen des Vereins für die Geschichte Berlins, Berlin, Jahrgang 1885, 1891, 1897, 1898
Neue Deutsche Biographie, Berlin 1953/1987
Nicolai, F.: Beschreibung der Königlichen Residenzstadt Berlin, Leipzig 1987 (Bearbeitung d. 3. Auflage Berlin 1786)
Osterroth, F.: Biographisches Lexikon des Sozialismus, Bd. 1, Hannover 1960
Ploetz, Preußen – Preußische Geschichte zum Nachschlagen, Freiburg/Würzburg 1987
Ploetz, Deutsche Geschichte, Epochen und Daten, Freiburg/Würzburg
Preußische Parlamentarier, 1859–1867, Düsseldorf 1986
Propyläen-Geschichte Europas (6 Bde.) Frankfurt, M./Berlin/Wien 1976
Sackgassen. Keine Wendemöglichkeit für Berliner Straßennamen, Berlin 1988
Seeger, H.: Musiklexikon – Personen A–Z, Leipzig 1981
Straßen in Berlin, Hauptstadt der DDR, die Namen antifaschistischer Widerstandskämpfer tragen, Teil u. 2, Berlin 1980
Vogt, H.: Die Straßennamen Berlins. In: Schriften des

Vereins für die Geschichte Berlins, Heft 25, Berlin 1885
Voigt, J.: Namen Codex der Deutschen Ordens-Beamten, Wiesbaden 1971 (Nachdruck d. 1. Aufl. 1843)
Voß, K.: Reiseführer für Literaturfreunde Berlin, Berlin/Frankfurt/M./Wien 1980
Zandtke, T.: Der Berliner Prater, Berlin 1987

Abbildungsnachweis

ADN Titel, S. 31, 51 u., 67 u., 68, 76, 89, 95 M., 105, 113 o.; Bezirksamt Prenzlauer Berg S. 7, 45, 47, 59, 78, 81, 83 r. o. und u., 84, 91; Broniecki S. 92; Heimatmuseum Prenzlauer Berg S. 15, 17, 18 o., 19, 21, 24, 29, 30 o., 34, 35, 36, 38, 39, 40, 41 r. o. und u., 43 o. und l. u., 44, 49, 50, 52, 54, 55, 63 u., 64, 65, 66, 67 o., 69, 70, 72 u., 73, 77, 82, 83 l. u., 85, 87, 93, 94, 95 r. o. und u., 97 l. o. und r., 102 o., 108, 109, 111, 113 u.; Herzberg S. 43 r. u.; Märkisches Museum S. 28, 46, 58, 61, 79, 95 l. o., 97 u., 100; Nickel S. 33, 41 l. o., 53 u., 63 o., 110, 112; Schulz S. 30 u., 51 o., 53 o., 72 o., 80, 101, 102 u., 104, 106, 107; Volkskundemuseum Berlin S. 18 u.

STRASSENREGISTER

Kursiv: ehemalige Straßenbezeichnungen

	Seite
Aalesunder Straße	27
Ahlbecker Straße	27
Allensteiner Straße	73, 74
Altenescher Weg	27
Am Falkplatz	27
Am Friedrichshain	27
Andersenstraße	28
Angermünder Straße	28
Anton-Saefkow-Straße	29
Arnimplatz	29
Arnswalder Platz	30
Artur-Becker-Straße	31
Bartensteiner Straße	75
Behmstraße	60, 61
Belforter Straße	32
Bergener Straße	32
Berliner Straße	32
Bernhard-Lichtenberg-Straße	32
Bixschootestraße	88
Björnsonstraße	33
Bornholmer Straße	33
Bötzowstraße	33
Braunsberger Straße	58
Buchholzer Straße	34
Cantianstraße	34
Carmen-Sylva-Straße	44, 45
Chaussee nach Weißensee	54
Chodowieckistraße	35
Choriner Straße	36
Christburger Straße	36
Christinenstraße	37
Chrysanthemenstraße	37
Cohnstraße	37
Conrad-Blenkle-Straße	37
Cotheniusstraße	38
Cyanenstraße	38
Czarnikauer Straße	38
Dänenstraße	39
Danziger Straße	40, 42
Deutsch-Kroner-Straße	48, 49
Diedenhofer Straße	39
Diesterwegstraße	39
Dietrich-Bonhoeffer-Straße	40
Dimitroffstraße	40
Dißmannweg	50, 51
Döblinweg	92, 93
Driesener Straße	42
Drunselweg	89
Dunckerstraße	42
Eberswalder Straße	43
Einsteinstraße	43
Elbinger Straße	40, 42
Elmstraße	106, 107
Elsasser Straße	110
Erich-Boltze-Straße	44
Erich-Weinert-Straße	44
Ermländische Straße	90, 91
Ernst-Fürstenberg-Straße	46
Esmarchstraße	46
Eugen-Schönhaar-Straße	46
Falkplatz	47
Fehrbelliner Straße	47
Finnländische Straße	48
Flandernstraße	103
Franseckystraße	99
Franz-Dahlem-Straße	48
Friedenstraße	86
Fritz-Riedel-Straße	48
Fröbelplatz	49
Fröbelstraße	49

Gaudystraße	50	Knaackstraße	67
Georg-Blank-Straße	50	*Kniprodestraße*	31
Gethsemanestraße	51	Kollwitzplatz	67
Glaßbrennerstraße	52	Kollwitzstraße	68
Gleimstraße	52	Kolmarer Straße	69
Gneiststraße	52	Kopenhagener Straße	69
Gnesener Straße	44	Korsörer Straße	69
Goethestraße	53	Krügerstraße	69
Göhrener Straße	53	Kuglerstraße	70
Goldaper Straße	60	*Kurische Straße*	64, 65
Gormannstraße	53	Küselstraße	71
Gotlandstraße	54	*Landsberger Allee*	71, 72
Greifenhagener Straße	54	*Langbehnstraße*	90
Greifswalder Straße	54	*Langemarckstraße*	71
Grellstraße	56	Leninallee	71
Gubitzstraße	56	Lettestraße	73
Gudvanger Straße	56	Lewaldstraße	73
Gumbinner Straße	29	Lindenhoekweg	73
Hagenauer Straße	57	*Lippehner Straße*	66
Hanns-Eisler-Straße	57	Liselotte-Hermann-Straße	73
Hans-Beimler-Straße	57	*Lothringer Straße*	110, 111
Hans-Otto-Straße	58	Lottumstraße	74
Heinersdorfer Straße	58, 59	*Ludwigstraße*	105, 106
Heinersdorfer Weg	86	Lychener Straße	74
Heinrich-Roller-Straße	58	Maiglöckchenstraße	74
Heinz-Bartsch-Straße	59	Malmöer Straße	74
Heinz-Kapelle-Straße	60	Mandelstraße	75
Hellmannplatz	31	Margarete-Walter-Straße	75
Helmholtzplatz	60	Marienburger Straße	76
Helmut-Just-Straße	60	*Massinistraße*	103
Hiddenseer Straße	61	Mendelssohnstraße	76
Hochmeisterstraße	62	Metzer Straße	77
Hollebekeweg	50	*Meyerbeerstraße*	76, 77
Hosemannstraße	61	Meyerheimstraße	78
Hufelandstraße	62	Michelangelostraße	78
Humannplatz	62	Milastraße	78
Husemannstraße	62	Mollstraße	79
Ibsenstraße	63	Mülhauser Straße	79
Immanuelkirchstraße	64	Naugarder Straße	80
Isländische Straße	64	*Neue Königstraße*	57, 58
Jablonskistraße	64	*Neukuhrer Straße*	82
Jäckelstraße	98, 99	Nordkapstraße	80
John-Schehr-Straße	64	*Nordmarkplatz*	49
Jostystraße	79	*Nordmarkstraße*	49
Kanzowstraße	65	Norwegerstraße	80
Kastanienallee	65	Ochtumweg	81
Käthe-Niederkirchner-Straße	66	Oderberger Straße	8
Kemmelweg	98	Oderbruchstraße	8

Oleanderstraße	82	Stahlheimer Straße	100
Olga-Benario-Prestes-Straße	82	Stargarder Straße	100
Olivaer Straße	90	Stavangerstraße	101
Ostseeplatz	83	Stedingerweg	101
Ostseestraße	83	Steengravenweg	101
Pappelallee	83	*Stolpische Straße*	85
Pasteurstraße	84	Storkower Straße	102
Paul-Grasse-Straße	84	Straßburger Straße	102
Paul-Heyse-Straße	85	Stubbenkammerstraße	102
Paul-Robeson-Straße	85	Süderbrokweg	103
Pieskower Weg	86	Sültstraße	103
Pilckemstraße	89	Syringenplatz	104
Pregelstraße	108, 109	Syringenweg	104
Prenzlauer Allee	86	Tegnerstraße	104
Prenzlauer Berg	86	Templiner Straße	104
Prenzlauer Chaussee	86	Teutoburger Platz	104
Preußstraße	88	Thaerstraße	105
Raabestraße	88	Thomas-Mann-Straße	105
Rastenburger Straße	33	*Thorner Straße*	37, 38
Raumerstraße	89	Topsstraße	105
Rhinower Straße	89	Trachtenbrodtstraße	106
Rietzestraße	89	*Trakehner Straße*	34
Rodenbergstraße	90	*Tresckowstraße*	67
Rombergstraße	76	Ueckermünder Straße	107
Rudi-Arndt-Straße	90	Varnhagenstraße	107
Rudolf-Mosse-Straße	99	Virchowstraße	108
Rudolf-Schwarz-Straße	90	*Vor dem Königs-Thore*	54
Rykestraße	91	*Wehlauer Straße*	46, 47
Saarbrücker Straße	92	*Weißenburger Straße*	68
Scherenbergstraße	92	Werner-Kube-Straße	108
Schieritzstraße	92	Werneuchener Straße	109
Schivelbeiner Straße	111	Wichertstraße	109
Schliemannstraße	93	Wilhelm-Florin-Straße	109
Schneeglöckchenstraße	94	Wilhelm-Pieck-Straße	110
Schneidemühler Straße	59	Willi-Bredel-Straße	111
Schönfließer Straße	94	Winsstraße	48, 112
Schönhauser Allee	94	Wisbyer Straße	112
Schönlanker Straße	46	*Woldenberger Straße*	40
Schwedter Straße	96	Wollankstraße	110
Seelower Straße	96	*Wörther Platz*	67, 68
Segitzstraße	88	Wörther Straße	112
Senefelderplatz	96	*Ypernstraße*	106, 107
Senefelderstraße	98	Ystader Straße	112
Sigridstraße	98	*Zeebrüggestraße*	92, 93
Silberschmidtweg	71	Zehdenicker Straße	113
Sodtkestraße	98	Zelterstraße	113
Sonnenburger Straße	99	*Zillebekeweg*	37
Sredzkistraße	99	Zionskirchstraße	114

INHALT

	Seite
Einführung	5
Mit der Geschichte leben Beitrag von Thomas Flierl	6
Nördliche Feldmark wird Großstadtsiedlung	14
Geltende und ehemalige Namen der Straßen und Plätze Herkunft, Bedeutung, Lage und Benennungsdaten	27
Auswahlbibliographie	116
Abbildungsnachweis	117
Straßenregister	117